你是老板
就应该是
财税专家

老板的财税谋略

Finance Essentials for Corporation Leaders

王德荣 赵 泽◎编 著

中国市场出版社
China Market Press
·北京·

图书在版编目（CIP）数据

老板的财税谋略 / 王德荣, 赵泽编著. —北京：中国市场出版社，2019.8
ISBN 978-7-5092-1829-7

Ⅰ. ①老…　Ⅱ. ①王…　②赵…　Ⅲ. ①企业管理 – 财务管理 – 中国　①企业管理 – 税收管理 – 中国　Ⅳ. ①F812.423

中国版本图书馆CIP数据核字（2018）第071779号

老板的财税谋略

LAOBAN DE CAISHUI MOULUE

作　者	王德荣　赵　泽		
责任编辑	许　寒（hanxu.hx@hotmail.com）		
出版发行	中国市场出版社 China Market Press		
社　址	北京月坛北小街2号院3号楼	邮政编码	100837
电　话	编辑部（010）68032104　读者服务部（010）68022950 发行部（010）68021338　68020340　68053489 68024335　68033577　68033539 总编室（010）68020336　盗版举报（010）68020336		
经　销	新华书店		
印　刷	河北鑫兆源印刷有限公司		
规　格	170mm×240mm　16开本	版　次	2019年8月第1版
印　张	20.5	印　次	2019年8月第1次印刷
字　数	285千字	定　价	78.00元
书　号	ISBN 978-7-5092-1829-7		

序

PREFACE

我在税务系统工作时，审理过重大的税务稽查案件，应对过纳税人的重大诉讼；辞职到企业后，在企业应对过税务局的各种税务稽查，其中有一年在同一家企业应对县市省三种级别不同的税务稽查。在长达 20 多年的税务从业经历中，我一直在思考：企业的财税风险是什么？作为一个企业老板如何才能识别和防范财税风险？怎样的税务筹划才是合规的？如何利用合规的税务筹划为企业节税增效？

我在 2016 年成立了自己的财税工作室，开始从事税务咨询工作，同年加入“上海高顿财经”成为其税收实务讲师，2017 年又加入了首善税务师事务所，成为一名合伙人。目前我还担任企业的首席税务顾问，亲自回复企业老板提出的财税问题；在上海财经大学、上海交通大学教育集团、中国社科院研究生院等机构为各类企业作税务培训，并担任主讲老师。此外，我还是北京厚益云的特聘专家，为其“后 EMBA 商业领袖班”的学员企业提供财税咨询。通过 3 年多的税务咨询和财税培训，我在与企业老板们的交流和沟通中逐渐认识到，一家企业要想做好财税风控和税务筹划，关键人物还是企业的老板，如果老板不懂财税，轻则企业破财，重则法人被追责。

我深刻地体会到，最应该接受财税培训的就是企业的老板。例如，内蒙古某企业家问我，个人转让持有的企业股权，是否要经过该企业的同意？广东某企业家问我，个人股东向企业借款是否要纳税？类似问题经常碰到，而目前能够满足老板需求的财税书籍不多。于是，我试图自己撰写这样一本书。

当我将写书的想法与赵泽交流时，她立即表示赞同，并加入到本书的写作中。我们相约共同努力为读者提供一本好书。

为写好本书，我阅读了相当多的资料。此外，我还结合自己 20 多年的税务从业经验，总结出了一些有价值的案例，比如如何贷款买房、从合同签订到纳税申报的全流程涉税事项，这些是自己亲身经历的。我从自身财税实践中总结出的经验，为本书的实用性提供了保障。赵泽也将自己在为企业提供财税咨询服务过程中积累的经验贡献出来，提供了很多素材。可以说，本书的完成依赖于广阔的企业财税实验场，源于我们面对成百上千企业家财税咨询积累的真实体验。

书中所列的方法和原则来源于实践，是有益的点醒。我们目睹许多人在运用这些原则之后防范了财税风险，也帮助很多企业家筹划了合规税务方案并成功操作，从而增加了企业的效益。

纸短情长，如果你想了解财税的风控和税务筹划，可阅读本书，必然开卷有益。

当然，由于水平有限，书中难免存在疏漏和不足。对此，希望读者予以理解，同时能够给予批评和指正。

需要说明的是，“王德荣点醒”专栏是本书的一大特色，但由于本书的一些案例并不是我做咨询过程中实际经办的，而是从网上或其他资料中借鉴而来，对案例的评述可能存在偏差，这也是我在写作时的担忧和顾虑。如果我的分析和点醒与案例真实的事实存在出入，也请读者提出批评和建议。

王德荣

2019 年 6 月于上海

目录

CONTENTS

第1篇 企业风险防范的财税谋略

第 1 篇

企业风险防范的财税谋略

企业风险防范就是对可能给企业带来不利结果的不可预知事项的管理和防范，从而确保企业目标的实现。风险管理应当成为企业战略管理的重要组成部分。

企业风险防范可以分为经营风险防范和财务风险防范。经营风险与财务风险的管理和防范既关系到企业的长远战略，也关系到企业的日常运营，且二者相辅相成。

CHAPTER 1

经营风险防范的财税谋略

1.1 签名和给钱必须谨慎

签名和给钱是人生中必须经历的事项。而企业老板，通常又是企业的法定代表人，承担相应责任和风险，因此经常面临签名和给钱的事项。你们可知道，这两件事的风险是非常大的，如不谨慎，会给企业和个人带来损失。

1.1.1 为什么签名时要谨慎

因为签名完成后，你就将为签名的事项承担相应的法律责任。

当看到公司提交的有关承担相应责任和金钱给付义务的文书时，老板一定要亲自过目后才能签名。如果是涉及本人提供担保、承担债务及给付金额义务的文书，也一定要全面审阅后才能签名。如果不经全面审阅而盲目签字，会给自己埋下隐患，最终导致或承担不应该承担的风险。

案例 1-1

一不小心就摊上连带保证责任

武某是甲公司的名义股东，帮李某（实际股东）代持甲公司 9 000 万元实缴注册资本金的 90% 的股权，双方有代持协议，协议中约定武某只是帮李某代为持有股份，不涉及武某的相应法律责任。

某天，甲公司的员工带来一份甲公司向银行贷款的借款协议找武某签字，借款协议中的担保协议约定，由李某提供房产作为抵押，同时甲公司向银行借款 3 000 万元。员工将借款协议交给武某时说："只是一份房产抵押借款的正常协议。"由于借款协议需要签字的文书很多，因此武某并没有多看，拿过来就开始签字，很快就签完了。

在全部完成签字后，武某突然想起听笔者课程时的提醒：在给钱和签名时一定要看清楚签字文书的内容，是否涉及自身给付金额的义务和保证责任。

于是武某重新将所签字的银行借款协议从头到尾仔细看了一遍。当看到第四份材料时，他发现自己签的是一份保证协议，该协议要求武某对所借款项承担连带保证责任，武某是连带保证人，而对此情况武某一无所知。

也就是说，这份借款协议不只是用房产作为抵押，同时也要求武某作为保证人承担连带保证责任。

如果武某在保证协议上签了字，一旦甲公司不能偿还借款，作为保证人的他就要承担相应的法律责任。这下麻烦就大了。

最后武某提出不能在保证协议上签字，已签字的他收回，从而提前防范了自己的风险。

王德荣点醒：作为成年人，签名是人生最大的事项之一。正所谓白纸黑字，一旦签下名便难以否认之前签名时应关注而未关注的事项，后果只能由自己承担。“风险千万条，签名第一条”，必须牢记在心。

1.1.2 为什么给钱时要谨慎

因为钱一离开你的手，就不再是你的钱了。给钱的原因有很多，这里主要指借钱给别人和对外投资这两项。

借钱给别人时，债务人往往是十万火急，同时又承诺一定会按期还款的，并且债务人一般都是亲戚朋友等比较亲近之人，这样往往使人放松警惕而把钱借了出去。但常言说得好，“借钱易但还钱难”，到还钱时，往往就会变成“不是你伤钱就是你伤感情”，很难有好的结局。

而对外投资更要谨慎。因为你是老板，在某些人眼里你就代表着金钱，只要说服了你就能拿到投资，于是他们就通过各种人脉关系去找你介绍项目，介绍投资标的，而你听多了看多了，一不小心就投了出去，到时很可能血本无归。因此，对于投资项目一定要谨慎决策，不能头脑一热就把钱交给了别人。

案例 1–2

老同学的借款

钱某是身家过亿元的老板，他的老同学孙某在苏州经营着一家主营纺织品出口的乙公司。2016 年初，孙某向钱某借款 100 万元用于企业的生产经营，于是钱某就以上海甲公司的名义借款给了对方的乙公司，借款时孙某作为连带保证人在借款协议上作保，约定一年后归还借款及利息。相关的关系图请见图 1–1。

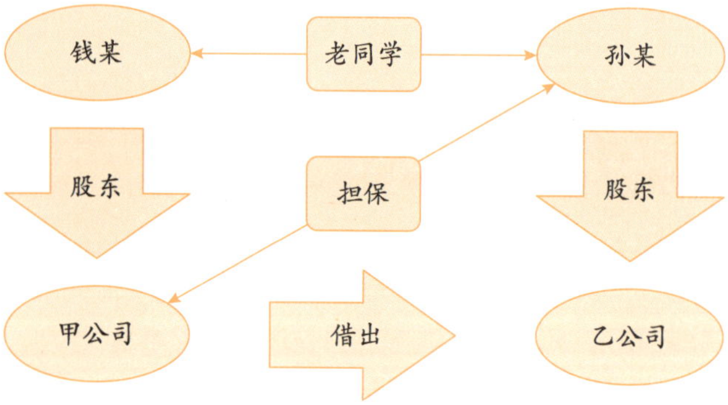

图 1–1　钱某、孙某借款关系图

2017 年初借款到期，孙某无法偿还，一直拖延到 2017 年底才偿还了 70 万元。笔者作为钱某的委托人，一直在催收剩余的 30 万元。由于双方是老同学，不好提起诉讼，再加上没有房产抵押，就算提起诉讼也难以追回，只能同意孙某分期付款，每年还 1 万 ~ 2 万元。

此类案例在日常生活中经常发生。作为企业老板借款给别人是难免的，但无论因何原因对外借款，都要谨慎，特别是只有保证人而保证人又没有房地产作为抵押的情况下，要慎之又慎，因为借款收回的保证条件比较差。

案例 1–3

对闺蜜公司的投资

赵某是身家过亿的女老板。2017 年，她之前的闺蜜周某在多年没有联系她的情况下，某日突然来找她，约她吃饭。恢复联系后，赵某得知了周某的近况：目前是某 P2P 公司的销售经理，已离婚并带着几岁的小孩，生活过得不如意。周某找赵某的目的，就是想让赵某帮帮她，出钱购买自己所在公司新推出的理财产品。周某反复恳求，并且还说："我不会骗你的，我在杭州也有房，如果你投资款回不来，我也跑不了，我的房子还是值一点钱的，可以还得起。"但周某只是嘴上说说，并没有立什么字据。

最后赵某心软了，在 2017 年 3 月出资 1 000 万元购买了周某所在公司 1 年期的理财产品。但到了 2018 年，随着 P2P 各大融资平台爆雷，周某所在公司也出现了很大的问题，赵某的投资款到期无法收回。

当赵某找到周某商量如何解决时，周某说："你不要来找我了，现在我也过得很难，如果你再来找我，我只能带着孩子跳楼了。"如是赵某也不好去找周某，1 000 万元的投资款血本无归。

上面的案例说明，作为企业老板，你在朋友、同学以及日常接触的人中都属于有钱人，向你提出援助和要求投资的情况会有很多。你从一开始就要培养一个“签字和给钱都要谨慎”的好习惯，它会为你整个职业生涯筑起一道无形的防火墙，保护你的财产安全。

王德荣点醒：对于有钱的老板来说，身边总有人以各种理由向你借钱和拉你投资，你永远要记得的是：要时刻保持“总有小人想害朕”的警惕，谨慎决策，以减少不必要的损失。“风险千万条，给钱第二条”，必须牢记在心。

1.2 认缴注册资本金不必贪多

1. 认缴资本制出台

2013 年 12 月 28 日发布的《中华人民共和国公司法》（以下简称《公司法》）修正案，不再有最低注册资本金的要求，并且取消了“首次出资额不低于 20%，在规定时间内必须缴足出资”的规定。除银行等 27 个行业外，注册资本由实缴注册资本变更为认缴注册资本。

《公司法》修正案出台之后，大部分新注册的有限责任公司选择了认缴注册资本金，认缴期限有 5 年、10 年甚至更久。

2. 认缴资本金的风险

认缴资本金，可理解为公司的注册资本金可以暂时不用缴，延期 5 年或 10 年再缴。这样投资者没有立即缴钱的压力，但需考虑因特殊情况需提前缴纳注册资本金的情形。如果认缴的注册资本金太大，例如认缴的注册资本金为 5 000 万元，而你个人和家庭财产还不到 100 万元，一旦企业有债务风险或破产，你需要立即补缴之前认缴的 5 000 万元注册资本金吗？如果不能补缴，债权人会不会追及老板个人和家庭的财产用于赔偿？

对于以上问题，大家需要弄清以下两点。

一是按照法律规定，债权人是否可以要求认缴期限尚未届满的股东对公司债务承担补充赔偿责任。从法律的角度来看，尽管企业认缴注册资本金的期限还未到，但如果企业有不能清偿的债务，而不能清偿的债务又已到期，企业的债权人可以起诉到法院，要求股东提前缴纳注册资本金以偿还债务，如果股东不能提前缴纳，法院可以执行股东的个人财产作为缴纳注册资本金的来源，并用于还债。这样的做法相当于明确了股东认缴的注册资本金是股东欠公司的债务，要以个人财产去偿还。

案例 1-4

认缴出资需担责

山东 A 公司与广州 B 公司存在买卖合同纠纷。蔡某某和黄某是广州 B 公司的两名股东，黄某认缴出资 2 000 万元，蔡某某认缴出资 8 000 万元，认缴出资时间为 2034 年 12 月 31 日。山东 A 公司向海南省某开发区人民法院提起诉讼，要求广州 B 公司支付货款 19 085 908.19 元，支付违约金 1 908 590.81 元，并要求蔡某某、黄某在未出资范围内对广州 B 公司就上述款项不能清偿部分承担补充赔偿责任。相关关系图见图 1-2。

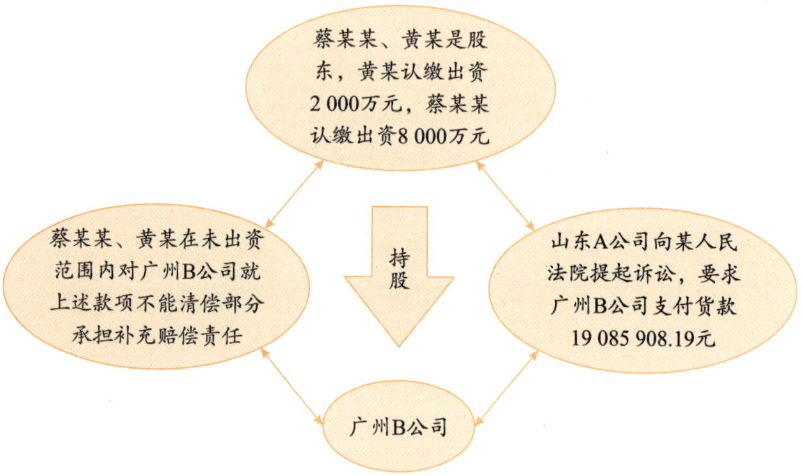

图 1-2　山东 A 公司、广州 B 公司合同纠纷关系图

海南省某开发区人民法院经审理支持了山东 A 公司的诉讼请求。蔡某某不服一审判决，上诉至海南省第二中级人民法院，主张应在执行债务人和担保人资产不足以清偿后，才能在其未出资范围内就不能清偿部分债务对其另行起诉。海南省第二中级人民法院经审理后，作出了驳回上诉、维持原判的终审判决。

案例分析

根据《公司法》第三条第二款“有限责任公司的股东以其认缴的出资额为限对公司承担责任；股份有限公司的股东以其认购的股份为限对公司承担责任”的规定，蔡某某应以其认缴出资额为限对公司承担责任，不论是实缴出资还是应缴出资，故蔡某某的抗辩理由不能成立。

根据《最高人民法院关于适用〈中华人民共和国公司法〉若干问题的规定（三）》（以下简称《公司法司法解释三》）第十三

条第二款“公司债权人请求未履行或者未全面履行出资义务的股东在未出资本息范围内对公司债务不能清偿的部分承担补充赔偿责任的，人民法院应予支持；未履行或者未全面履行出资义务的股东已经承担上述责任，其他债权人提出相同请求的，人民法院不予支持”的规定，一审判决蔡某某、黄某在未出资范围内对广州 B 公司就上述款项不能清偿的部分债务承担补充赔偿责任，该责任的法律后果是先由广州 B 公司就上述款项进行清偿，对于不能清偿部分，由股东蔡某某、黄某在未出资范围内承担责任。该项判决符合法律规定和公司法的立法宗旨，应予维持。

（资料来源：蘧美达 . 对认缴注册资本金下如何规避风险的探讨［EB/OL］.（2017-06-19）［2019-02-28］. http：//www.sohu.com/a/150311472_481890.）

王德荣点醒：股东的认缴出资义务，会在公司发生不能清偿债务时，要求追及股东补足未出资的部分，法院在执行中会查封个人的相关资产用于补足出资，从而增加了股东个人资产风险。

二是企业破产时，是否可要求认缴期限尚未届满的股东对公司债务承担补充赔偿责任。《中华人民共和国企业破产法》第三十五条规定：“人民法院受理破产申请后，债务人的出资人尚未完全履行出资义务的，管理人应当要求该出资人缴纳所认缴的出资，而不受出资期限的限制。”

因此在企业破产时，对于未到认缴期限的，股东要补充出资款进行赔偿。由此可见，在公司符合破产的条件时，债权人通过申请公司破产，可以达到要求债务人提前缴纳认缴出资的目的。

《最高人民法院关于适用〈中华人民共和国公司法〉若干问题的规定（二）》（以下简称《公司法司法解释二》）第二十二条规定：“公司解散时，股东尚未缴纳的出资均应作为清算财产。股东尚未缴纳的出资，包括到期应缴未缴的出资，以及依照公司法第二十六条和第八十条的规定分期缴纳尚未届满缴纳期限的出资。

公司财产不足以清偿债务时，债权人主张未缴出资股东，以及公司设立时的其他股东或者发起人在未缴出资范围内对公司债务承担连带清偿责任的，人民法院应依法予以支持。”

因此，对解散的公司，债权人如有清算公司财产时未得到清偿的债权，可以运用法律武器，要求股东在未缴出资范围内对公司债务承担连带清偿责任。

通过以上两方面的分析可以知道，认缴注册资本金只是股东对企业的一种负债，是股东欠公司的钱。一旦公司无法对外偿还债务或破产，股东就要自己补缴认缴注册资本金，否则债权人可以通过法院诉讼的方式向股东追偿，股东要以个人财产进行偿还。

王德荣点醒：注册资本是股东对企业的负债，当公司发生债务危机时，股东是有义务补足的，不然会追及股东财产。注册资本金认缴越高，股东补足的义务就越大，股东自身的风险也越大，这就失去了公司有限责任的意义。

因此，企业老板一定要根据企业的实际需要去确定认缴资本金，不要因为不需要实缴就以为注册资本越大越好。

1.3 企业资产与家庭财产要分开

企业作为独立的法人存在，企业自身的资产与企业的自然人股东的家庭财产是相对独立的。如果企业老板在企业的经营中不注意区分企业资产与家庭财产，会给双方带来风险。

在企业的经营中，有的老板经常用老婆、儿子、女儿的名义去收取公司的款项，甚至用自己的名义为公司担保。这样的做法，就把公司资产和个人家庭财产混同了，一旦公司发生经营和财务风险，就会波及个人和家庭财产。这样的案例在生活中有很多，企业老板一定要注意划清企业资产与家庭财产的界线，只有这样，在涉及相关纠纷时才能保护好个人和家庭财产。

案例 1-5

用儿子银行账户收款带来问题

201× 年，某企业主、公司法定代表人陈某用其儿子的银行卡收了一些不需要开具发票的货款放在公司的账外，希望能少缴税款。另一方面，用儿子的银行卡收钱也可以减少用陈某自己卡收钱带来的其他不便。

没想到，儿子跟其儿媳妇的婚变引发了夫妻间的财产分割。这时儿媳妇就说了，该老板儿子名下某一个银行的账户曾收到 1 000 万元的资金，这部分现金是在儿子名下的银行卡上，因此属于夫妻共同财产，要求分到其中的一半——500 万元。

陈老板心里很着急：这些钱明明是自己公司的货款，并不是儿子的财产，不应该分给儿媳妇；但如果不分给她，儿媳妇举报到税务机关，自己的公司会被认定为偷税，需依法补缴税款及罚款，补税及罚款的金额也会超过500万元。

如果陈某的公司被补税及罚款后，公司在税务机关的信用等级会下降，并在税务机关有因偷税而被处罚的记录，如果在5年内又因此被处罚，还会涉及刑事责任。

这样的两难是老板未将企业资产和家庭财产分开造成的。

案例1-6

正确处理公司与股东个人或法人之间的金钱和财产往来

在公司的经营过程中，很难避免公司与股东个人或法人之间的金钱和财产往来，如果不能正确处理，后患无穷。例如：

1. 公司债务个人打欠条，公私不分，公司不能清偿债务时，会累及自己及家人的财产。

2. 公司抽逃出资、公款私用，涉及职务侵占、挪用资金犯罪，有限公司股东承担无限责任甚至刑事责任。如果企业家被追究刑事责任，企业也将不复存在。

这两个例子说明，在企业经营中，资金上是经常会混同的，为了做出清楚的界定，需要有专门的人员和设置专门的账簿进行核算，不能随意用其他个人的账户进行偷税，注意做到公私分明。这样才能保护好个人和家庭的财产不受企业经营的牵连。

王德荣点醒：企业资产与家庭财产隔离要诀：

1. 严格遵守会计准则、照章纳税（最安全）。

2. 巧用夫妻财产约定。

3. 合理设计保单架构，实现风险的规避。主要是指投保人拿出的是自己的财产，但是受益人可以指定为第三人，这就实现了人和财产的分离。原则上讲，个人有债务不会影响保险合同的有效性，保险公司仍然会履行义务，对受益人按期支付指定的受益金。所以利用好保险的这种功能也属于一种提前防范。

4. 利用信托的风险隔离机制。

关于如何利用上述方法，由于涉及相关的具体操作，可以到专门的培训班听课，或咨询专业人员进行落地操作。

1.4 股权代持需有完备的代持协议

股权代持协议是有限公司在经营过程中，有的出资人（即实际出资人）不方便在工商登记时登记为股东，从而委托其信任的人为名义股东进行股东登记。实际上，这就是一种委托行为。根据《公司法司法解释三》的规定，股权代持协议是有法律效力的。[1]

为了保护公司实际出资人的利益，公司的实际出资人与名义股东需要签订股权代持协议。但在实际生活中，由于双方因为血缘关系或

[1] 如果代持协议违反了《中华人民共和国合同法》第五十二条规定的情形（规避法律强制规定、变相贿赂等），法院会认定其无效。具体见本节末的“相关法律依据”。

其他原因没有签订书面代持协议，实际出资人面临重大风险的情况十分常见。

股权代持引发的纠纷很多，给企业老板造成了重大损失。为规范股权代持行为，保护实际出资人的利益，国家出台了相应的法规。但是，如果对这些法规不够熟悉，容易因操作不规范而留下隐患。因此，如果老板们有相关需求，一定要请专业人员协助，在股权代持协议中明确双方的权利和义务，从而保护实际投资人的利益。

案例 1–7

兄弟间股权代持争议

2008 年初，某市一位叫武二的老板非常看好海外的海产品在中国的销售，并且看中了李某某在海产品市场推广上的能力，提出两人成立公司来开拓中国市场。

2008 年 2 月，两人合作的公司成立了。公司注册资本 100 万元，武二占 85%，李某某占 15%。由于与老婆关系不好，武二把公司股份的 45% 登记到亲哥哥武大名下，交由武大代持，武二持 40%。武大与武二由于是亲兄弟，没有签订股权代持协议。持股关系见图 1–3。

经过多年的发展，公司的经营规模和效益都稳步提升。为了更好地隐藏自己的股份，在 2010 年，武二将其持有的公司 40% 的股份平价转让给了武大，实际上是由武大代持，并不是真正转让，因此在转让中，武大没有支付相应的价款。

因此，武大代持的股权上升到 85%，但兄弟俩还是没有签订股权代持协议。具体占比见图 1–4。

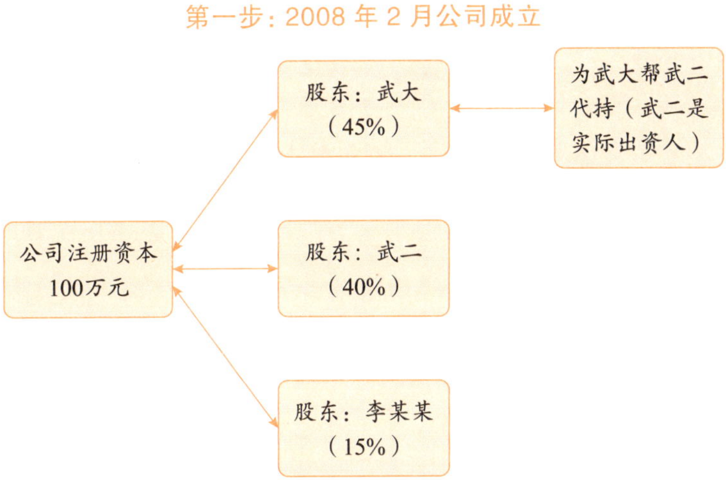

图 1-3　持股关系图

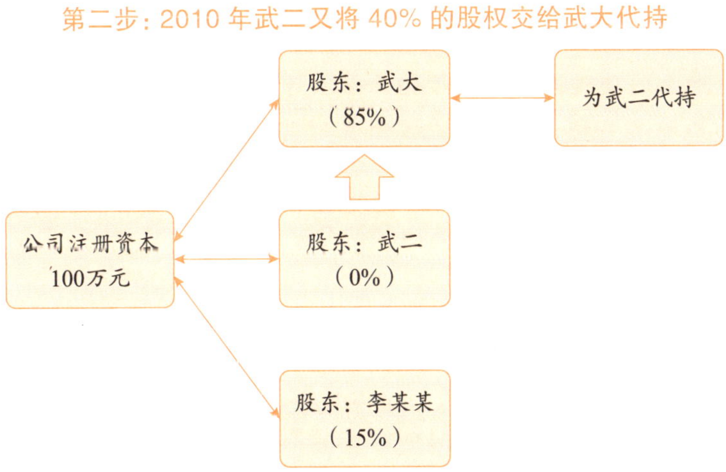

图 1-4　进一步转让后持股关系图

到了 2016 年，就在企业越做越大的时候，武二和武大在经营方向和管理理念方面出现了较大的分歧，矛盾随之激化。作为创始股东，武二决定收回自己的股权，然而武大竟全盘否定了武二对公司的出资和股东地位。并且重要的是，兄弟之间还是没有股权代持协议。

为此武二只好诉诸法律，起诉至法院，要求判决公司 85% 的股权属于自己，而不是武大所有。

官司经过了一审和二审的审理和判决。在法院审理过程中，尽管武二的父母和妹妹都出庭证明股权是属于武二的，但由于没有代持协议，也没有其他有效的证据，最终法院二审判决武二败诉，不认可武二为公司股东。

（资料来源：股权代持的法律风险及应对策略［EB/OL］.（2017-12-13）［2019-03-03］. 大童金融资产配置 . https：//www.sohu.com/a/210297082_100008452.）

案例分析

本案的关键是兄弟俩因为血缘关系在开始时相互信任，没有签订股权代持协议，武二也没有保留其他有效的证据证明其是实际出资人，从而造成武二败诉。武二由于太过于信任其大哥而少了防范的心理。并且通过多年的经营，公司的利润变得非常可观，巨大的利益打败了亲情。

其他的代持情形也存在于股东与公司的高管之间，有时两者之间也不签订股权代持协议，这个风险也是巨大的。

王德荣点醒：永远不要用巨大的经济利益去考验亲情和别人的良心，这样会误人误己，就算是亲兄弟也要签订股权代持协议。

通过上面的案例及分析可知，股权代持协议是有效的，只要操作得当还是很有用的。例如，实际股东利用股权代持协议的方式，可以毋须在工商机关显示持有股权，再通过这家公司去持有相应的房地产物业，就可以将公司的业务做大而不用显名。

当然，代持协议也有相应的风险。具体来说，一是名义股东滥用股东权利致使实际出资人利益受损。名义股东滥用经营管理权、表决权、分红权、增资优先权、剩余财产分配权等权利，会导致公司实际出资人利益受损。二是显名障碍。当实际出资人（隐名股东）主张股东身份（即请求显名）时，存在公司治理结构中的“人合性”障碍。《公司法司法解释三》第二十五条第三款规定，隐名股东主张变更股东，要求公司签发出资证明书，记载于股东名册，记载于公司章程及要求办理工商登记的，应当经过公司其他股东过半数的同意。如果隐名股东无法提供公司其他过半数同意的相关证据，即使该隐名股东是涉案的实际出资人，其向法院主张成为显名股东或者要求记载于股东名册、公司章程的请求，仍旧较难得到支持。

王德荣点醒：尽管代持协议在企业管理中是较好的工具，但不可在不熟悉的情况下随意操作，应咨询专业人员或进行有针对性的学习。

附：相关法律依据

最高人民法院关于适用《中华人民共和国公司法》
若干问题的规定（三）
（法释〔2011〕3号）

第二十五条 有限责任公司的实际出资人与名义出资人订立

合同，约定由实际出资人出资并享有投资权益，以名义出资人为名义股东，实际出资人与名义股东对该合同效力发生争议的，如无合同法第五十二条规定的情形，人民法院应当认定该合同有效。

前款规定的实际出资人与名义股东因投资权益的归属发生争议，实际出资人以其实际履行了出资义务为由向名义股东主张权利的，人民法院应予支持。名义股东以公司股东名册记载、公司登记机关登记为由否认实际出资人权利的，人民法院不予支持。

实际出资人未经公司其他股东半数以上同意，请求公司变更股东、签发出资证明书、记载于股东名册、记载于公司章程并办理公司登记机关登记的，人民法院不予支持。

第二十六条　名义股东将登记于其名下的股权转让、质押或者以其他方式处分，实际出资人以其对于股权享有实际权利为由，请求认定处分股权行为无效的，人民法院可以参照物权法第一百零六条的规定处理。

名义股东处分股权造成实际出资人损失，实际出资人请求名义股东承担赔偿责任的，人民法院应予支持。

中华人民共和国合同法

第五十二条　有下列情形之一的，合同无效：

（一）一方以欺诈、胁迫的手段订立合同，损害国家利益；（二）恶意串通、损害国家、集体或者第三人利益；（三）以合法形式掩盖非法目的；（四）损害社会公共利益；（五）违反法律、行政法规的强制性规定。

1.5　对赌协议要先防失败

历史往往会重演，前事不忘，后事之师。

企业在引入对外投资者时，经常要签订基于企业的业绩或上市要求的对赌协议，如果没有达到业绩目标或上市要求，对赌协议中的被投资者要对投资者进行相应的赔偿。

那么什么是对赌？

股东承诺公司未来几年的业绩达到某个标准或公司在约定的期限内上市，如果没有达到这个标准，投资人届时可以要求大股东给予现金补偿或者回购投资人手中的股权（一般要溢价回购）。

如果大股东不主动履行这种义务，投资人可以向法院起诉要求大股东兑现承诺，甚至可以强制执行义务人及其配偶名下的所有财产。

对赌协议是引进投资者时一个很重要的工具。如果企业老板不与投资人签订对赌协议，投资者自身的利益没办法得到保护，就不敢对企业进行投资，企业本身也得不到发展。那么如何做好两者的平衡，最大限度保护投资者和企业老板的利益呢？企业老板在签订对赌协议时，应注意切割自身财产和家庭财产的担保范围，不要把家庭的财产全部包括在对赌协议中，这样就算对赌失败，也可以保留部分家庭财产，保障生活。

在签订对赌协议时，还要防范自身重病和意外死亡的事件，如因老板发生意外导致对赌失败，对其家人来说就是人财两空，这无疑是世界上最悲惨的事了。

案例 1–8

对赌协议的风险

某著名 A 传媒影视公司，2011 年融资了 7.7 亿元，创下了当时整个中国影视业的融资纪录。在融资的过程中，实际控制人李某以个人的名义签订了一份对赌协议，协议约定：A公司要在2013年12月31日前上市，如果届时未完成上市，须赔付资本方投入的资金以及高额的利息。

没有想到在上市前夕，李某突发心梗离世，年仅47岁，企业上市失败。于是投资人提起诉讼，要求履行这个对赌协议，一审法院判决李某的遗孀金某承担两亿元的连带清偿责任。

事实上，金某只有一百多万元的资产，住房也是跟女儿合租的，根本无力偿还两亿元的巨额债务。

（资料来源：黄伟纶 . 创业者如何保全你的财产［EB/OL］.（2018-01-25）［2019-03-03］.http：//www.sohu.com/a/218990686_668098.）

上面的案例说明，意外无处不在，企业老板意外死亡致对赌失败的结果不因主观意志而改变，一定要提前防范此类风险。而这一点恰恰是老板们在接受投资时没有注意考虑的，因为有人投资是令人十分高兴的事，恨不得马上签订对赌协议，让投资款立即进来好快速发展公司，尽快完成上市等。殊不知，当你眼中只有利益时，很可能忽略隐藏在利益背后的风险。这就需要老板学习财税方面的谋略，在重大的利益面前保持较为清醒的头脑，关注利益背后的风险，做到既盯住利益也防范风险。

王德荣点醒：有限责任公司的债务本应当以出资人出资额为限，但由于股东以个人名义与投资公司签署了对赌协议，因此对赌失败后，法院认定股东的债务属于家庭债务，该股东去世后需要其遗孀以家庭财产中属于该股东的部分承担偿还责任。

由此可见，对赌协议不只是股东个人的事，还涉及其家庭财产。除非夫妻双方签订财产分割协议，且写到对赌协议中，或者购买相应的人身保险进行风险对冲。

1.6 为他人提供担保，是给自己下套

老板在经营中，要记得另一条特别重要的原则，即不要为他人提供担保。

老话说，“不做中人不做保，一生一世无烦恼”。这是非常重要的提醒，因为根据相关民法和担保法的规定，只要在借款协议上签了字，不管是承担连带担保责任还是承担一般担保责任，麻烦就可能找上你。

为他人提供担保，你只有义务没有权利，只要别人无力还款，债权人就会要求你归还，而你作为企业老板，别人必然认为你是有钱人，会把你列入第一追款对象走诉讼程序。最后你可能在承担还款责任后，还不能从被担保人处追回代其偿还的款项，落得个财失心不安的悲惨结果。

案例 1–9

为他人担保而承担的风险

上海的甲方与丙方为张三控制的关联方公司，丙方想向银行贷款，银行要求有担保方提供担保。但由于甲方是其关联方，不能提供担保，丙方无法获批贷款。为此张三找来李四控制的南京的乙方，通过甲、乙、丙相互提供担保的方式向银行贷款。关系如图 1–5 所示。

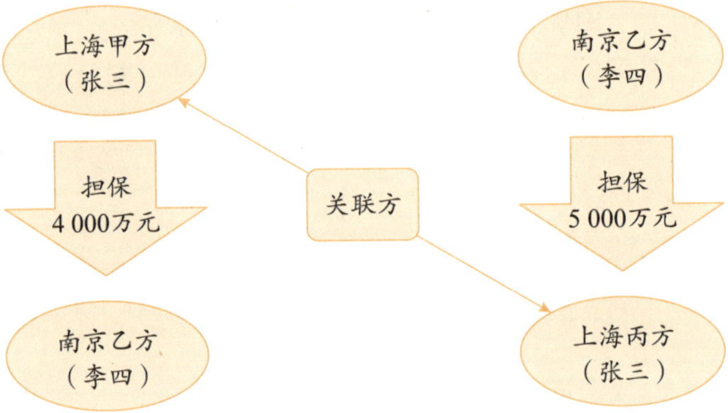

图 1-5　甲、乙、丙相互提供担保关系图

甲方为乙方提供了 4 000 万元的担保（同时，作为条件，乙方要为甲方的关联方丙公司提供担保），于是，2015 年 3 月，乙方取得银行贷款 4 000 万元，期限为 1 年。一年后，乙方如期偿还银行贷款，此时甲方担保责任结束。

同样在 2015 年 3 月，乙方为丙方提供了 5 000 万元的担保，期限为 1 年。但在 1 年后丙方因为虚开发票等原因被吊销工商执照，不能偿还贷款，乙方只得按担保协议为丙偿还贷款 5 000 万元。

在偿还为丙方担保的债务后，乙方向甲方和丙方追偿，但两方都因虚开发票等原因被吊销工商执照，无法偿还，最终乙方损失 5 000 万元。

上面这个案例说明，李四作为担保人，以为与张三的公司互相提供担保没有风险。没想到的是，在自己偿还了银行的贷款后，张三的贷款没有还上，同时张三的公司由于涉及违法行为又被吊销了工商执照，导致李四在承担张三的还款责任后，不能通过合法的途径向张三追偿，变成了净损失。最后，李四的还款支出还不一定能在企业所得税税前扣除，造成 25% 的企业所得税的损失。真可谓一步担保错，后续步步错。

如果企业老板一开始就明白这种互保可能带来的风险，要求对方用不动产进行反担保，或者自己在可能先还款的情况下，要求对方提供反担保等措施来防范风险，就不会如此被动了。

王德荣点醒：企业经营离不开相互帮助，但不能在没有任何抵押的情况下，为他人提供担保，并且在相互提供担保的过程中，要防范对方被查封或吊销工商执照导致担保款不能追回的风险。一定要注意在对方不能偿还借款时，及时规避自身的风险，例如要求被担保人提供房地产作为抵押，或要求对方提前还款。

1.7　你认为的正常贷款可能涉及贷款诈骗

企业在正常的经营过程中，会涉及向银行借款的问题，由于民营企业向银行借款是很困难的，很多情况下难以达到银行规定的借款条件，例如报表中的营业收入的要求、利润的要求、现金流的要求、供应商的要求等，因此一些企业为了取得贷款，经常会采取修改企业的财务报表、提供虚假的供应商名单等手段以达到银行的上述要求，这时候企业家往往没有考虑到将来不能偿还贷款时，因提供上述的虚假资料带来的刑事风险。

如果企业老板只想到尽快得到银行贷款而没有考虑有可能还不上贷款的情况，那么贷款过程中的不规范操作就会变成自己挖下的坑，将自己断送在这个坑里。

案例 1-10

企业无视风险提供虚假贷款材料

2012 年 9 月 7 日，A 公司与嘉兴某银行嘉善支行（以下简称丁银行）签订保证合同，约定由 A 公司在最高限额 300 万元内为嘉善 B 能源科技有限公司（以下简称 B 公司，法定代表人是杨某飞）在该行的贷款承担连带保证责任，其中第 12.2 条约定："本合同的效力独立于主合同，不因主合同无效而无效。如主合同无效，甲方仍应承担本合同约定的保证责任。"

当日，在 A 公司的保证下，杨某飞以 B 公司名义与丁银行签订了金额为 300 万元的流动资金借款合同；丁银行将 300 万元贷款转入杨某飞指定的嘉善 C 金属制品有限公司（以下简称 C 公司）账户。具体见图 1-6。

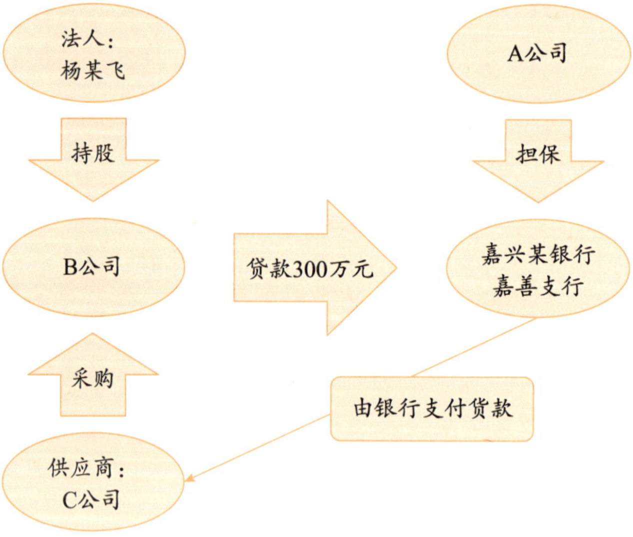

图 1-6　担保与贷款关系图

在B公司不能偿还贷款的情况下，保证人A公司于2012年12月6日、2012年12月29日、2013年1月28日、2013年3月25日分四次合计偿付借款利息60 860元；2013年3月7日，A公司以保证人的身份归还涉案借款本金150万元，此后无力偿还后续贷款及利息。

在保证人A公司和借款人B公司都不能偿还贷款的情况下，B公司被丁银行起诉至法院。因B公司伪造与C公司供货合同，并以B公司名义与丁银行签订300万元流动资金借款合同，嘉兴市中级人民法院于2014年7月11日终审裁定杨某飞犯贷款诈骗罪。

（资料来源：贷款类犯罪担保合同效力如何认定［EB/OL］.（2017-04-08）［2019-03-03］. 证券时报 .http：//finance.eastmoney.com/news/1355，20170408727290431.html.）

上面的案例说明，贷款的风险不是能否从银行贷出来钱而是能否按期还款，如果不能按期还款，同时你在贷款时提供的资料存在虚假的情况，这就会涉嫌贷款诈骗。当然这是从不能还款的结果倒推出来的，这样的倒推不一定正确，还要有很多的证据，但其中至少有两条你都具备了，一条是不能按期还款，另一条是存在提供虚假资料的行为。所以要小心啊。

王德荣点醒：在申请贷款时，企业提供虚假的资料，银行可能睁一只眼闭一只眼，而一旦企业不能偿还贷款，这些虚假资料很可能成为企业法人被追究刑事责任的证据。

因此，如果涉及银行借款业务，在提供资料时要十分小心。

1.8 员工的工伤对企业的影响

作为小微企业，一个工人的工伤可能就会波及整个公司，因为工伤除了涉及公司对员工的赔偿外，还可能涉及棘手的法律问题和追偿问题。

一般认为工伤是在上班期间因工作受的伤。但是，根据相关法律规定，很多发生在上班时间外的意外，也会被认定为工伤。这就要求老板在日常管理中不但要加强上班期间的生产安全教育和相关制度落实，同时也要增强员工在非上班期间的安全意识，防止其他意外事件的发生。

以下三种情况也属于工伤的范围：

（1）工作时间前后在工作场所内，从事与工作有关的预备性或者收尾性工作受到事故伤害的；

（2）因公外出期间，由于工作原因受到伤害或者发生事故下落不明的；

（3）在上下班途中，受到非本人主要责任的交通事故或者城市轨道交通、客运轮渡、火车事故伤害的。

为此，企业老板也要针对非上班期间的意外风险，给员工购买一定金额的人身意外保险，让保险公司来分担公司的部分经济损失。

案例 1-11

员工在工地意外受工伤

A 公司是做坑道检测业务的。2016 年，其员工张某在某建筑工地施工时，被一辆正在倒车河沙运输车碾压，造成盆骨粉碎性骨折。张某出事时才 23 岁，而肇事车辆根本无力全额赔偿治疗费用。A 公司的老板为了处理这起工伤，先后花了 2 年时间，其中的艰辛真是难以言说。

案例 1-12

员工下班途中发生交通事故属工伤

B 公司是做服装销售业务的，聘请的员工年纪大多在 40 ~ 50 岁。很不巧的是，2 名员工重病住院，1 名员工骑电动车在下班的路上因撞上了出租车下客时打开的车门受重伤。一下子少了 3 个人，但工资还要发，还得临时请人帮忙，小公司一下子陷入困境。

案例 1-13

下班后买晚餐途中突发意外死亡算不算工伤

基本情况

原告蔡某系启东市某医院急诊科护士。2007 年 1 月 15 日，蔡某下班后未在医院食堂用餐，自医院北侧栅栏口出去购买麻辣烫后，返回租住地时，被一辆未悬挂号牌的轿车撞倒受伤，送医院后于当日不治身亡。

2007年4月16日，蔡某之母陆某向启东市劳动和社会保障局申请工伤认定。该局认为，蔡某购买晚餐的路线不是下班的合理的路线，故认定蔡某死亡不属工伤。陆某不服该认定，申请行政复议，启东市政府作出了维持认定的决定。随后，陆某向法院提起行政诉讼。陆某诉称，其女儿蔡某下班后购晚餐回宿舍，其下班线路合理，途中发生交通事故死亡，应当认定为工伤，请求撤销被告作出的认定决定书，依法重新作出工伤认定。

被告启东市劳动和社会保障局辩称，发生交通事故的地点不在其工作单位和居住地的合理路线内。被告依法做出的工伤认定决定书事实清楚，证据确实充分，适用法律正确，请求法院依法支持其认定。

法院审判

本案争议的焦点是，蔡某发生交通事故的地点是否属于下班经过的合理路线。启东法院经审理认为，《工伤保险条例》第十四条第（六）项规定，“职工在上下班途中，受到机动车事故伤害的”应当认定为工伤。“上下班途中”应理解为职工在合理时间内往返于工作单位和居住地的合理路线。本案中，医院北侧栅栏出口距蔡某居住的出租屋仅数十米，但上下班线路也不能机械地理解为该段路程。职工有自由选择是否在食堂就餐的权利。蔡某下班后未直接回到住处，而是到距住处数百米外的四川麻辣烫店购买麻辣烫作为晚餐，系解决生活之需要，符合常情。随后其即返回住处，这一连续的过程可以视为下班途中，应当认定为工伤，原告的诉讼请求应予支持。一审判决后，原、被告及第三人均未提起上诉，一审判决发生法律效力。

案例分析

对于“上下班途中”法律尚无明确定义，一般理解为职工在合理的时间与路线上离开用人单位回到家中或离开家回到用人单位的过程，如果中途去了其他地方办理其他事务，而该事务与其工作或回家有必然联系，则该过程也被认定为上下班途中。劳动者下班后购晚餐，是解决生活所必需，可认定为“下班途中的合理路线”，在途中发生交通事故死亡，应适用《工伤保险条例》第十四条第（六）项规定，认定为工伤。

（资料来源：十大典型工伤案例［EB/OL］.（2012-09-25）［2019-03-03］. 奇峰711. http：//www.360doc.com/content/12/0925/17/10575514_238115459.shtml.）

王德荣点醒：企业老板一定要采取有效的措施防止员工意外工伤的发生，要时刻提醒员工注意生产安全，否则造成的损失将难以估量。

附：相关法律依据

工伤保险条例

第十四条　职工有下列情形之一的，应当认定为工伤：

（一）在工作时间和工作场所内，因工作原因受到事故伤害的；

（二）工作时间前后在工作场所内，从事与工作有关的预备性或者收尾性工作受到事故伤害的；

（三）在工作时间和工作场所内，因履行工作职责受到暴力等意外伤害的；

（四）患职业病的；

（五）因工外出期间，由于工作原因受到伤害或者发生事故下落不明的；

（六）在上下班途中，受到非本人主要责任的交通事故或者城市轨道交通、客运轮渡、火车事故伤害的；

（七）法律、行政法规规定应当认定为工伤的其他情形。

第十五条　职工有下列情形之一的，视同工伤：

（一）在工作时间和工作岗位，突发疾病死亡或者在48小时之内经抢救无效死亡的；

（二）在抢险救灾等维护国家利益、公共利益活动中受到伤害的；

（三）职工原在军队服役，因战、因公负伤致残，已取得革命伤残军人证，到用人单位后旧伤复发的。

职工有前款第（一）项、第（二）项情形的，按照本条例的有关规定享受工伤保险待遇；职工有前款第（三）项情形的，按照本条例的有关规定享受除一次性伤残补助金以外的工伤保险待遇。

1.9　对于找上门的好生意要格外小心

老话说，来说是非者，必是是非人。找上门的好生意，看上去很容易赚钱，实际上很可能是个圈套。

老板们在经营中不一定什么事都关注和了解，有时候会将相关事项交给部下处理，或对部下介绍的客户也让他自己去把关。这样做并没有问题，但对于一些异常的生意，例如主动找上门并且利益又比较大的生意一定要小心。有人说“事出反常必有妖”，这么好的生意为什么不自己做而让给你做？一定要多想想别人的目的或可能存在的风险，不要被利益诱惑而放松警惕。

案例 1-14

找上门的出口诈骗

A 公司是经营进出口的贸易型企业，2017 年 3 月，经人介绍陈某找上门，提出有进出口的生意可以合作。陈某提出的合作方案为，陈某负责找供应商和国外的买家，A 公司出资金向陈某找来的供应商采购货物，然后再销售给陈某找来的国外的客户，也就是说，A 公司只负责中间环节（详见图 1-7）。

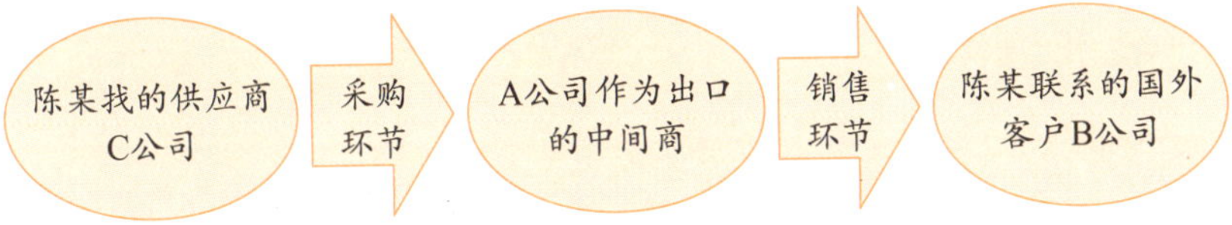

图 1-7　陈某与 A 公司合作模式图

具体操作是，A 公司向 C 公司采购后，出口给国外的 B 公司，并且由 B 公司购买中信公司的出口保险。采购的货物也是在出口后才支付货款，货物出口后由于有中信公司的出口信用保险，因此不用担心收不到货款。

在实际操作中，B 公司为第一单和第二单都购买了出口信用保险，因此比较顺利。但是第三单业务并无出口信用保险，且出口货物金额达 1 000 多万元人民币，货款无法收回。这时 A 公司才意识到可能被骗了，再找陈某时发现他失联了，两天后才知道陈某因诈骗已被公安局的经侦支队刑事拘留。目前 A 公司损失的 1 000 多万元仍未能追回。

上面的案例说明，别人找上门给你的好生意很可能是大陷阱。骗子的套路是最多的，往往会以巨大的利益为诱饵引老板们入局。

王德荣点醒：作为老板，你一定要注意送上门的好生意。有钱为什么不自己赚而让你赚？你要别人的利润，别人很可能要你的本金。

1.10 股东有纠纷时要防止被追究侵占公司财产的刑事责任

在企业合伙经营过程中，股东们因为利润分配不均等原因难免会发生矛盾，企业的实际控股股东为了防止其他股东对公司插手资产管理，往往会将公司的资金从公司的账户转到自己认为安全的非公司账户上。但是，如果转出款项不是为了保护自己的利益，同时转出的金额超过了自己应得的部分，就很可能构成侵占公司财产的犯罪。

股东们一定要明确“公司财产”的概念，即公司的财产是独立于股东个人财产之外的“法人财产”，法人的财产是受法律保护的，就像个人的财产受法律保护一样。股东可以为公司做出决策，控制公司的财产，但一旦非法改变财产的所有权，就很可能构成侵占公司财产的犯罪。

案例 1-15

股东转移财产涉嫌挪用资金罪

基本案情

高某出资人民币20万元，周某和姚某各出资人民币15万元，在上海市某经济开发区注册成立了A公司，但各发起人实际未将上述资金投入A公司。A公司由高某和周某两人经营管理，高某担任公司的法定代表人。在公司运作过程中，高某因与周某合作不愉快，于2000年3月，与公司部分员工集体离开A公司，同时划走该公司资金人民币11万元并搬走了公司的部分办公用品及样品。之后，在双方就纠纷进行协商的过程中，高某又于2000年4月18日、4月27日让公司财务人员通过贷记凭证从A公司账上共划走人民币9万元转至上海B公司并提取现金，其中大部分用于高某为法定代表人的C公司的运作（详见图1-8）。

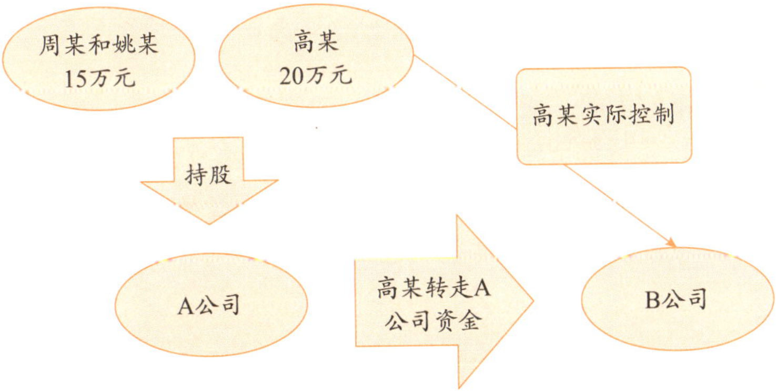

图 1-8　股东关系及资金转移

法院判决

上海市某区人民法院认为，被告人高某为维护自己的经济利益，而将公司资金划走，属股东之间争夺财产的行为，不构成犯罪。

上海市某区人民检察院以原判决定性不当，被告人高某构成挪用资金罪为由，提出抗诉。上海市人民检察院第二分院以相同的理由支持抗诉。

上海市中级人民法院经审理认为，被告人高某擅自转出资金9万元的行为显属不当，但其在A公司有可分割的利益是不争的事实；被告人高某前后从A公司共转出资金20万元，未超出其拥有的股份；其他股东在资金使用上的不规范行为，亦证明高某的行为属事出有因。综上，高某的行为不构成挪用资金罪。据此，驳回抗诉，维持原判。

（资料来源：解析股东转移公司资金是否构成挪用资金罪［EB/OL］.（2018-03-02）［2019-03-03］. 为你辩护网 . http：//www.scxsls.com/xszs/131981.html.）

上面的案例说明，股东如果未按公司章程的规定或未经公司授权操作，私自将公司资金转到个人名下归个人使用或者借贷给他人，有可能涉嫌犯罪。因此，作为公司的股东，在将资金划归个人使用时，一定要考虑是否会有涉及刑事犯罪之嫌。

王德荣点醒：在股东发生矛盾时，要清醒地对待各自的利益，不要以极端的手段去转移公司的财产和资金，否则会被认定为涉嫌相应的刑事犯罪。这时应及时与专业的律师进行沟通，协调处理各方矛盾。

附：相关法律依据

中华人民共和国刑法

第二百七十二条 【挪用资金罪】

公司、企业或者其他单位的工作人员，利用职务上的便利，挪用本单位资金归个人使用或者借贷给他人，数额较大、超过三个月未还的，或者虽未超过三个月，但数额较大、进行营利活动的，或者进行非法活动的，处三年以下有期徒刑或者拘役；挪用本单位资金数额巨大的，或者数额较大不退还的，处三年以上十年以下有期徒刑。

1.11　企业不注销后果很严重

企业在经营几年后，会产生很多风险，特别是善意取得虚开增值税发票的风险等。这时企业老板就应当考虑注销这些有风险的公司。特别是税务机关的“金税三期”上线后，对善意取得虚开发票的比对核查力度进一步加大，因此对一些经营几年，风险较大的公司要及时清理注销，以免在被工商用吊销执照时后悔莫及。

企业老板可能平时忙于赚钱，没有注意到这样的事情，等风险发生时才恍然大悟。例如一家公司用非员工的身份证信息制作工资表，给员工发工资，哪想到新个税改革后需要在 APP 上填个人信息，然后这家公司就被别人举报了。因此，民营企业经营的时间越长，积累的风险就越大，必要时可以选择注销后轻装上阵。

案例 1–16

善意取得虚开发票连续被查

江苏A公司2012年在经营中取得不合规的发票。在“金三系统”上线后，于2018年10月被主管税务机关连续两次约谈，其在2012—2014年经营中取得的增值税专用发票被认定为走逃企业所提供，存在善意取得虚开增值税发票的嫌疑。两次均被税务机关要求补缴增值税款，金额达200万元。

上面的案例说明，“金三系统”上线后比对不断加强，今后还会趋紧，普通发票也会被列入核查的范围。利用购买发票增加进项税额和成本的违法行为已不可取。之前有这种做法的企业要提前防范风险。

王德荣点醒：公司的经营风险会随着国家监管的加强而逐渐增大，作为企业老板要适当关注国家政策和监管的变化，对已出现风险的公司及时依法采取注销措施以消除后患。

1.12　投资前应做好尽职调查

在市场上有很多并购的机会，但是这种并购的机会背后往往隐藏着很大的受骗风险。

好的项目大家都在找，但不是每个项目都能赚钱，老板有看走眼的时候，也有信错人的时候。这就要求老板们在投资时不偏听偏信，提前对有意投资的项目做好尽职调查，对取得的第一手资料进行分析。

我们之前也做过专门的尽职调查，十几个人的团队一做就是十几天，大的项目最长的做了 2 个月。在尽职调查中，随着调查的深入，企业存在的深层问题就会显现出来，例如存货盘亏、出口到国外的存货销售后资金不能收回、资金被大股东挪用等。有一个大项目，开始我们以为是很好的，调查结束后才发现其中的水太深，于是在支付一笔违约金后撤出了。

由此可见，对外投资如果不做尽职调查而盲目相信他人，风险就很大。

案例 1–17

投资未取得收益反被骗

陈老板是做股权投资并帮助企业运作上市的民营企业老板，有近 15 年的股权投资经验，应该说是行业内的高手。但是陈老板在 2016 年并购 A 公司的股权时，发生了重大的投资失误，损失高达 7 000 多万元。为什么会这样呢？

陈老板 2016 年 12 月与北京的赵老板见面，当时赵老板向陈老板推荐了手中持有的新三板 A 公司的股票，是第一手的原始股。该公司是做农业的，经营农产品的工业化生产和销售。陈老板基于对赵老板的信任，在没有派自己的团队和审计事务所做详尽的尽职调查的情况下，于 2017 年 3 月至 6 月从赵老板手中购买了 30% 的股权，支付了 1 亿元人民币。

但是一年多后，陈老板发现 A 公司存在很多可疑之处，于是在 2018 年 10 月请专业审计机构对公司的财务事项进行全面审计，发现 A 公司的实际控制人孙老板存在财务造假，以及大量挪用公司资金涉嫌犯罪的情况（详见图 1–9）。

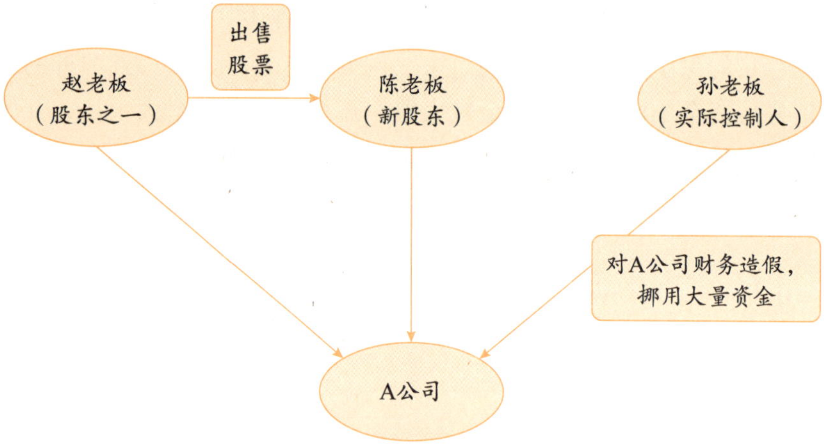

图 1–9　A 公司的股权关系

目前公司股票价格下跌 70%，陈老板的损失高达 7 000 多万元，只能向公安机关报案。

上面的案例说明，轻信他人有可能被骗钱，而等你反应过来时，对方可能已逃之夭夭，你却束手无策。投资开始时以为找到了好项目大家都会陪着你笑，结果却是你被人骗了钱，哭的只有你自己。

王德荣点醒：在并购投资时，不能太过相信合作伙伴对项目的尽职调查和判断，一定要亲自做调查和了解，不然你会和合作伙伴一起被项目方所骗而遭受重大损失。对项目的尽职调查以及事后的审计跟进是并购投资中必不可少的程序，一定要重视！重视！！重视！！！重要的事说三遍。

1.13 如何跨过并购这个坎

前面说过并购要防止被骗，而且即使不被骗，并购过程中也有很多要注意的地方。可能我们说得再多，都不如大家亲历一次来得更直接，但我们还是要请大家注意如下方面：

1. 营运风险

是指并购公司在完成并购后，可能无法使整个公司产生管理协同效应、经营协同效应、财务协同效应以及市场份额效应，难以实现规模经济或管理知识共享。

2. 信息风险

在公司并购中，信息是非常重要的。真实与及时的信息可以大大提高公司并购的成功率。但实践中因贸然行动而失败的并购案例很多，大多是信息不对称导致的。

3. 筹资风险

并购决策会对公司资金规模和资本结构产生重大影响。与并购相关的筹资风险具体包括：资金是否可以满足需要，筹资方式是否适合并购的项目，现金支付是否会影响公司正常的生产经营，杠杆收购的偿债风险是否可控等。

4. 反并购风险

在通常情况下，被并购公司对并购行为往往持不欢迎或不合作态度，尤其在面临敌意并购时，可能会不惜一切代价实施反并购策略；其反并购行动可能会给并购公司带来相当大的风险。

5. 定价风险

定价风险表现在，尽管被收购公司运作良好，但高收购价格使买主无法获得令人满意的投资回报。

6. 实际控制人操纵亏损的风险

并购后，公司一直在亏损，而投资人退出后就盈利了，原因很可能是实际控制人在操纵企业的盈亏。作为投资人，要防范企业的实际控制人对企业盈亏的操纵。

案例 1–18

借力优秀的财务团队

某集团公司在东北收购了一家以玉米为原料加工生产酒精的公司，收购完成后该公司派出了财务团队和经营团队。

作为财务团队成员之一的财务总监为了配合经营团队做好与原公司团队的融合，从清理公司债务开始，通过当地政府的协助，以政府财政补助为切入点，通过集团资金的扶持，取得当地粮商的认可，从收购原料开始与原公司团队融合，再到生产加工环节、销售环节等深度配合，取得了原公司团队的信任，从而跨过了并购后运营这个坎。

上面的案例说明，一次并购的成功，离不开一个优秀的团队，地方政府的支持，以及集团的资金协助。为跨过并购后运营这个坎，这些都是值得借力的地方，老板们可以作为参考。

王德荣点醒：我参与的很多并购成功的案例中有一个共同点，就是都有一个优秀的财务经理。老板在派出财务团队时，一定要谨慎挑选有经验并懂业务的财务经理，这样才能为经营团队提供很好的协助，从而促进并购后运营的成功。

1.14 经营风险的防范

上面13个方面的内容，已经涵盖了企业经营方面的典型风险。但在企业经营中，还有很多其他风险，大家经常会看到有关企业风险的新闻报道，有关于食品安全的、产品质量的，等等。企业总是在风险中前行，在各方质疑中成长，在巨大风险发生时消亡，周而复始，生生灭灭。要想成为一家百年老店，需要经过几代人的努力，跨越无数的沟坎。那么在日常的企业经营中，有没有防范经营风险的思路和方法呢？

经营风险的防范说起来很简单，就是时刻有防范风险的意识，让防范风险成为一种习惯，时刻保持“总有小人想害朕”的警惕，时时保持如履薄冰的心态。

老话说“财在险中求”，就是说明在求财中会有风险，而我们要对风险存有敬畏之心。“商场如战场”说的就是风险无处不在，真正能在商场中生存下来的人，是对人性有深刻理解，对风险有敬畏之心的人。

王德荣点醒：防范经营风险的建议如下：

1. 树立风险意识。本书的目的就是要提高企业老板的风险意识，除了本书提到的典型风险外，企业还会有其他风险，企业老板要树立风险意识。

2. 聘请律师和会计师等专业人士把关。在企业风险防范上，可以请专业人士处理，让专业的人去做专业的事。

CHAPTER 2

财务风险防范的财税谋略

2.1 如何远离不当的融资方式

企业在经营中需要对外融资，但一定要注意，不能陷入非法集资的刑事犯罪。

国家在融资方面有专门的法律规定，为了防范金融风险，避免少数人利用融资进行诈骗引发社会的不稳定，国家对于融资采取了特许经营许可的管理方式，没有有关部门发放的金融业务许可证，是不能从事存贷款业务或其他融资业务，也不能以任何形式向社会公众（包括单位和个人）吸收资金的。

但是在目前的日常经营中，很多企业没有注意把握好融资的手段和方式，在不经意间就越过了国家规定的红线而被追究相应的法律责任。

案例 2-1

铤而走险的集资

39 岁的林某从 2007 年开始向他人集资投资期货，2008 年 5 月伙同翁某等人设立温州鑫某投资咨询有限公司，未经国家有关部门批准，违规代理香港某证券有限公司证券、期货交易平台业务，从其客户的证券、期货交易佣金中获取分成。同时，自己也在该平台上炒期货、股票。

出现巨额亏损后，林某虚构炒期货很赚钱的假象，以代理炒期货利润共享、风险共担的形式，或虚构运作公司上市、打新股、银行拉存款等项目，承诺本金无风险，以高息或高回报率为诱饵，陆续向朋友、同事、同学、老师、亲戚、邻居以及他们介绍的不特定对象等集资，集资款部分用于前期集资款的还本付息、支付回报，部分继续用于炒期货、股票。

随着亏损数额和利息、回报支出的不断增加，林某继续虚构事实，隐瞒真相，拆东墙补西墙，直到 2011 年 10 月下旬因资金无法周转而案发。

截至 2011 年 10 月下旬，林某向他人非法集资数额（包括部分利息和投资回报转入，没有扣除部分已付利息和少量近期还本数额）累计达 6.4 亿元，实际骗取集资款（不能归还的数额）累计达 4.283 43 亿元。

2013 年 12 月 30 日，林某被浙江省高级人民法院判处无期徒刑。

（资料来源：2018 年十大非法集资类犯罪案例［EB/OL］.（2018-08-31）［2019-03-03］. 大律师网 . http：//www.maxlaw.cn/baike/ffjzz/924102600381.shtml.）

如何理解“非法集资”？

“非法集资”不是一个罪名，只是一个定性的表述，强调的是行为的“非法性”和“集资”的行为特征。

具体见《中华人民共和国刑法》（以下简称《刑法》）第一百七十六条关于非法吸收公众存款罪和第一百九十二条关于集资诈骗罪的规定。

此外，《最高人民法院关于审理非法集资刑事案件具体应用法律若干问题的解释》（法释〔2010〕18号）具体界定了“非法吸收”和“集资诈骗”的内涵。

王德荣点醒：在融资时要远离非法集资，可以按以下方法把握：

不向社会公开宣传，仅在亲友或者单位内部针对特定对象吸收资金；不承诺保本和不承诺有固定回报；不以非法占有为目的。

附：相关法律依据

最高人民法院关于审理非法集资刑事案件具体应用法律若干问题的解释

（法释〔2010〕18号）

第一条 违反国家金融管理法律规定，向社会公众（包括单位和个人）吸收资金的行为，同时具备下列四个条件的，除刑法另有规定的以外，应当认定为刑法第一百七十六条规定的“非法吸收公众存款或者变相吸收公众存款”：

（一）未经有关部门依法批准或者借用合法经营的形式吸收资金；

（二）通过媒体、推介会、传单、手机短信等途径向社会公开宣传；

（三）承诺在一定期限内以货币、实物、股权等方式还本付息或者给付回报；

（四）向社会公众即社会不特定对象吸收资金。未向社会公开宣传，在亲友或者单位内部针对特定对象吸收资金的，不属于非法吸收或者变相吸收公众存款。

第四条　以非法占有为目的，使用诈骗方法实施本解释第二条规定所列行为的，应当依照刑法第一百九十二条的规定，以集资诈骗罪定罪处罚。使用诈骗方法非法集资，具有下列情形之一的，可以认定为“以非法占有为目的”：

（一）集资后不用于生产经营活动或者用于生产经营活动与筹集资金规模明显不成比例，致使集资款不能返还的；

（二）肆意挥霍集资款，致使集资款不能返还的；

（三）携带集资款逃匿的；

（四）将集资款用于违法犯罪活动的；

（五）抽逃、转移资金、隐匿财产，逃避返还资金的；

（六）隐匿、销毁账目，或者搞假破产、假倒闭，逃避返还资金的；

（七）拒不交代资金去向，逃避返还资金的；

（八）其他可以认定非法占有目的的情形……

2.2　如何匹配短期借款与长期投资

企业在融资和投资时，对于所融资金需要归还的期限与投资项目收益回收期限的匹配通常没有做过多的考虑，不管是否存在借款期限与投资回收期错配的风险，只要有项目，又能马上融到资，那就先融到资再说。这样做可能会给企业带来灭顶之灾。

没有专门学习过财税知识的老板在经营中对短期借款和长期投资的认识是不足的，不少老板在经济形势好的时候，认为未来企业上了项目就赚得到钱，银行又贷得到款（银行的贷款一般都是流动资金贷款，属于短期贷款），因此就将现金投入了长期投资项目（例如收购其他公司股权，购买土地房产或建办公楼等），没想过一旦经济形势发生变化，企业收入减少，银行收回或减少贷款等情况发生时该如何归还贷款。而这几年中国恰好进入了经济换档期，国际经济环境也不好，出口业务大量减少；同时国家加强金融监管，银行控制贷款规模，企业经营一下子就陷入了困境。现在大集团都在减少负债，如大连万达集团、海航集团等。大的集团如此，中小型民营企业的日子就更难过了。那些之前没有注意将短期借款用于长期投资风险的企业更容易陷入困境，举步维艰。有的企业原来银行账户上多的时候有1亿多元的资金，而如今到月底筹10万元的现金都困难，真是捉襟见肘啊。

案例 2-2

人寿万能险并不“万能”

万能险的特点是“短债长投”，即保险产品的持有期限偏短，投资组合的持有期限偏长，且投资风险比较激进。此外保险企业在二级市场上频频举牌的资金主要来源于万能险保费收入，而为了揽到更多的万能险客户，保险企业往往借助负债端的高利率万能险相关理财产品，来迅速做大保费规模。但当投资项目无法在短期内完成，而保险资金偿还期限又近在眼前时，保险企业会面临无资金可供偿还的风险。

案例 2-3

长租公寓"生死门":"短债长投"资金风险显现

继 2018 年 8 月杭州 DJ"爆雷"后，同年还有两家长租公寓资金链断裂，包括上海的"某见"及长沙的"某某猫"。

"租金贷"的一般模式是，公寓从房东手中租入房子，再把房子租给租客，租客向金融公司申请租赁贷款，金融公司一次性把租金支付给公寓，租客再按月偿还金融公司贷款，甚至押金都可以申请贷款。而公寓取得银行的全额租金后又进行再投资，并没有支付给真正的房东，一旦资金链出现问题，就会产生财务风险。

（资料来源：张晓兰 . 长租公寓"生死门"："短债长投"资金风险显现［EB/OL］.（2018-10-26）［2019-03-03］.http：//www.xinhuanet.com/fortune/2018-10/26/c_1123615603.htm.）

案例 2-4

用银行短期借款建办公楼造成公司经营困难

基本情况

杭州张老板的企业从事出口产品的生产和销售，2013—2015 年，该公司将银行的短期贷款用于建 27 层的办公楼。在 2016 年出口业务下降时，公司出现资金短缺，2017—2018 年，公司由于负债过高陷入困境。目前张老板已计划将公司转让给某上市公司，以解决公司的财务危机。

案例分析

为了防范借款期限与长期投资错配的风险，企业一定要注意让投资项目回收的现金流与贷款到期偿还的现金流保持一致。

（1）图2-1中，“金三角”的融资期限与投资期限是匹配的。

（2）图2-1中的“泥三角”尽管融资期限与投资期限相匹配，但由于自有资金太少，一旦出现投资亏损，即会引发财务风险。

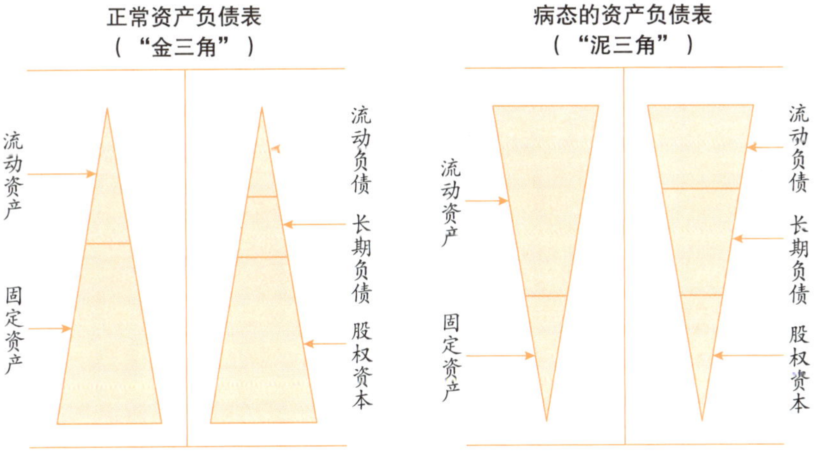

图2-1 企业资产负债表的比较（1）

（资料来源：刘允向，郝臣.资产负债表阅读与分析[EB/OL].(2014-06-08)[2019-03-03].https://wenku.baidu.com/view/6a4a055bf78a6529657d5304.html.）

（3）图2-2中的“风险三角”是典型的借款期限与投资回收期的错配，用短期资金进行长期投资，一旦短期借款不能到期偿还，即会引发财务危机。

投资回收期没到，而质押物出问题造成提前还款，这也是“风险三角”的形式之一。2018 年，很多上市公司的股东质押股票进行融资，由于股票价格下跌被平仓造成重大的财务危机。

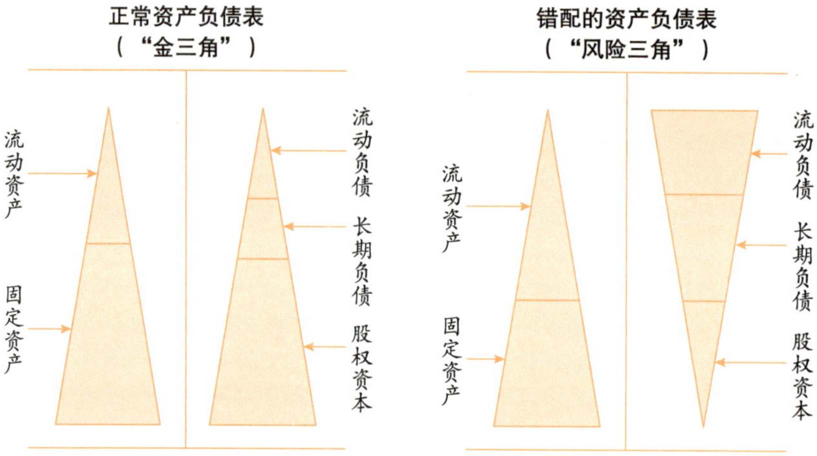

图 2-2　企业资产负债表的比较（2）

（资料来源：同图 2-1。）

王德荣点醒：古语说，治大国如烹小鲜，老板治理一家公司也一样，情况十分复杂，运营艰难，特别是如此明显的短期借款用于长期投资的风险是一定要关注的，并且老板还应要求企业的财务总监关注资金的来源与投资的期限是否匹配。只要关注到了，防范起来就比较容易。短期借款投短期项目，长期借款或股本投长期项目，这样就有了回旋的余地。

2.3 如何提前防范被并购方的实际控制人卷款跑路

被投资方的实际控制人卷款跑路是老板们投资时要重点防范的风险，因为这种风险是不可控的，一旦发生很难挽回损失。

案例 2-5

××控股实际控制人李某、张某某卷款跑路

2014 年 5 月，有关 ×× 控股实际控制人李某、张某某卷款跑路，TZZG 停工破产的消息广泛传播。这些消息受到了新闻媒体的关注，同时也引起了债权人对借出的款项得不到偿还的担忧。

（资料来源：悍马求购者跑路悬疑：腾中重工老板疑跑路（转载）[EB/OL].（2014-05-07）[2019-03-03].空中飞行 2011. http://groups.tianya.cn/post-62352-9fd78749b49b401b9ce5b780beeaf3a6-1.shtml.）

案例 2-6

董某某、魏某某决裂

据媒体报道，2018 年 11 月，董某某方面认为，魏某某等原管理层利用不法手段，侵吞公司利益 10 亿元。内部人士透露：接手后发现漏洞百出。

（资料来源：贾丽.董明珠魏银仓决裂 格力内部人士：接手后发现漏洞百出[EB/OL].（2018-11-19）[2019-03-03]. http://finance.sina.com.cn/chanjing/gsnews/2018-11-19/doc-ihnyuqhh9885955.shtml.）

王德荣点醒：企业家在并购可入股企业时，如果是参股而不是实际控制，就一定要关注实际控制人对公司现金流的挪用或卷款跑路问题。

一定要防止你要别人的股权，别人要你的现金，只留给你空壳公司的情况。

此种情形一旦发生，你能做的只有报警，连董明珠也不例外。

2.4　一旦陷入财务舞弊你将难以全身而退

企业在很多时候，会因为各种原因而陷入财务舞弊的境地，特别是上市之后为了经营业绩的需要等原因而进行财务造假。但是一旦企业走上财务舞弊之路，企业家的一只脚就踏入了刑事犯罪的禁区。

中小民营企业对于财务舞弊的行为更要小心防范，因为民营企业的生存环境比上市公司更艰难。如果因为财务造假被调查，后果有补税、罚款，甚至涉及刑事责任，更难以承受。

案例 2-7

万福生科财务造假案

万福生科（股票代码：300268）是一家从事稻米精深加工研发、生产和销售的企业，于 2011 年 9 月 27 日正式登陆创业板。

2012 年 9 月 14 日，该公司被湖南省证监局立案稽查，9 月 19

日公司股票停牌，接受中国证监会立案调查。

10 月 26 日，万福生科承认 2012 年半年报存在财务造假问题（虚增营业收入 1.88 亿元，虚增营业成本 1.46 亿元，虚增净利润 4 023 万元）。

2013 年 3 月 2 日，万福生科发布自查公告，承认财务造假（2008—2011 年累计虚增收入 7.4 亿元左右，虚增营业利润 1.8 亿元左右，虚增净利润 1.6 亿元左右）。

造假最为严重的是 2011 年，即上市的这一年，万福生科虚增收入 2.8 亿元，虚增营业利润 6 541 万元，虚增净利润 5 913 万元。

2013 年 3 月 15 日，万福生科再次受到深交所公开谴责。根据《创业板股票上市规则》“连续公开谴责三次将终止上市”的规定，公司若在 36 个月内（2012 年 11 月 23 日—2015 年 11 月 23 日）再次受到公开谴责，可能存在被终止上市的风险，由此，万福生科可能成为创业板第一只退市的股票。

（资料来源：崔晓莉，武磊．万福生科财务造假案例分析及启示．https://www.xzbu.com/2/view-4636124.htm.）

此案例相关法律依据如下：

（1）《中华人民共和国会计法》第四十三条规定：

伪造、变造会计凭证、会计账簿，编制虚假财务会计报告，构成犯罪的，依法追究刑事责任。

有前款行为，尚不构成犯罪的，由县级以上人民政府财政部门予以通报，可以对单位并处五千元以上十万元以下的罚款；对其直接负责的主管人员和其他直接责任人员，可以处三千元以上五万元以下的罚款；属于国家工作人员的，还应当由其所在单位或者有关单位依法给予撤职直至开除的行政处分；其中的会计人员，五年内不得从事会计工作。

（2）《刑法》规定：

第一百六十一条 【违规披露、不披露重要信息罪】

依法负有信息披露义务的公司、企业向股东和社会公众提供虚假的或者隐瞒重要事实的财务会计报告，严重损害股东或者其他人利益，或者有具他严重情节的，对其直接负责的主管人员和其他直接责任人员，处三年以下有期徒刑或者拘役，并处或者单处二万元以上二十万元以下罚金。

第二百二十九条 【提供虚假证明文件罪】

承担资产评估、验资、验证、会计、审计、法律服务等职责的中介组织的人员故意提供虚假证明文件（包括虚假的财务会计报告），情节严重的，处5年以下有期徒刑或者拘役，并处罚金。上述人员，索取他人财物或者非法收受他人财物，犯本罪的，处5年以上10年以下有期徒刑或者拘役，并处罚金。

案例 2-8

东方电子财务造假案

震惊全国的东方电子（股票代码：000682）财务造假案2003年1月在山东一审终结。

涉案的几位公司高层管理人员均以提供虚假财务报告罪被判处有期徒刑，其中原董事长、总经理隋某某被判有期徒刑2年，并处罚金5万元；原董事、副总经理、董事会秘书高某被判有期徒刑1年，并处罚金2.5万元；原财务总监、总会计师方某被判有期徒刑1年，缓刑1年，并处罚金5万元。

案发前，公司已在隋某某指挥下，形成了一个由证券部、财务部和经营销售部门分工合作组成的“造假小组”。

证券部负责抛售股票提供资金。公司从1998年开始一直到2001年8月份，每年抛售持有的内部职工股，抛售的时间集中在中期报告和年度报告披露前，每次抛售的数量视公司业绩的需要而定。隋某某每次告诉高某需要多少资金，并限定在一定的时间和指定的价位范围内卖出，高某再给证券部的两名工作人员下指令，在证券公司抛售股票，并将所得收入转入公司在银行的账户。

公司经营销售部门负责伪造合同与发票。隋某某指使销售部门人员采取修改客户合同、私刻客户印章，向客户索要空白合同、粘贴复印伪造合同等四种手段，从1997年开始，先后伪造销售合同1 242份，合同金额17.296 8亿元；虚开销售发票2 079张，金额17.082 3亿元。

同时，为了应付审计，销售部门还伪造客户的函证。公司财务部负责拆分资金和做假账。为掩盖资金的真实来源，方某等通过在烟台某银行南大街分理处设立的东方电子户头、账号，在该行工作人员配合下，中转、拆分由证券公司所得的收入，并根据伪造的客户合同、发票，伪造了1 509份银行进账单及相应的对账单，金额共计17.047 5亿元。为了把假账做得更真实，隋某某还指使销售部门人员与个别客户串通，通过向客户汇款，再由客户汇回的方式，虚增销售收入。

（资料来源：东方电子造假案始末［EB/OL］.（2015-10-27）［2019-03-03］.爽朗的河河道 . https：//wenku.baidu.com/view/f218eb4b28ea81c759f5783f.html.）

上面的案例说明，财务造假带来的风险是巨大的。随着金融监管和税务监督的加强，通过虚增收入或收入不入账的方式来造假很容易被发现，企业老板面临的追责风险就不可避免。

王德荣点醒：假的真不了。从众多企业造假被查处的案例可知，只要是虚假的财务数据，总有被曝光的一天。而且这种行为一旦实施便不可逆转，只能自吞苦果。为此，企业老板应当杜绝财务造假。

2.5 涉外付款需锁定汇率防损失

对于有外债的公司而言，汇率波动产生的风险是企业必须防范的，否则会留有较大的风险敞口，给企业带来很大的汇兑损失。

关于企业没有防范汇率变动而导致风险的案例非常多，有的损失高达几亿元人民币。其实防范措施并不复杂，只需将未来需要支付外汇的汇率予以事先锁定，不留下风险敞口，即可有效防止汇兑损失。

很多人说，汇率有高有低，不锁定汇率也有可能赚钱。这样的思路在汇率风险管理中是不可取的，除非你是炒外汇的才可以这么做。如果你是正常的生产和贸易型企业，不靠炒外汇赚钱，那么提前锁定汇率可以事先锁定企业的利润或损失，不会受到汇率变动的影响。

近几年汇率波动的主要原因是 2015 年 8 月 11 日中国人民银行宣布启动新一轮汇改。本次汇改的目标是提高中间价形成的市场化程度，扩大市场汇率的实际运行空间，使汇率向均衡水平回归。

但令人始料未及的是，市场对人民币贬值的预期开始显现，汇改之后的头3天，人民币对美元汇率累计下调3 000个基点，至6.4水平。8月11日至10月底，人民币在岸汇率与离岸汇率之差一度超过1 100个基点。

2015年11月，美联储开始加息，人民币汇率再度面临贬值压力。汇改一周年时，人民币对美元汇率已从汇改前的6.2左右，跌至最低的6.7左右。随后，市场的“羊群效应”加剧了人民币贬值的态势，甚至形成了对贬值的一致预期。[1]

对于人民币的贬值风险，对有外币债务或经常以外币结算的进口货物的企业来说是要特别需要防范的，因为对有对外付款义务的一方来说，人民币的贬值意味着需要支付的人民币增加了。

作为企业老板，你应该了解什么是汇率风险，并通过与银行的对接，利用银行的外汇业务去防范汇率相关的风险。

汇率风险是指由于外汇市场汇率的不确定性而使国际贸易者和投资者遭受损失的可能性。从其产生的领域分析，汇率风险大致可分为商业性汇率风险和金融性汇率风险两大类。

商业性汇率风险主要是指人们在国际贸易中因汇率变动而遭受损失的可能性，是最常见且最重要的风险。

金融性汇率风险是指债权债务风险和储备风险。在国际金融市场上，企业借贷的都是外汇，如果外汇汇率上升，借款人就会遭受巨大损失，汇率的剧烈变化甚至可以吞噬大企业。例如，中信泰富曾因汇

---

[1] 资料来源：陈果静．汇改两周年：人民币汇率走出贬值通道 告别“浮动恐惧”[EB/OL]．(2017-08-22)[2019-03-03].http://www.sohu.com/a/166361975_120702.

率变化巨亏155亿港元。

案例2-9

人民币汇率波动

2015年，在人民币汇率跌至五年半最低点后，中国的公司对对冲业务表现出前所未有的巨大需求。2015年8月以前，人民币经历了持续10年的升值期。人民币的升值曾促使中国企业成为亚洲最大的美元借债者，并且基本上忽视对汇率逆转风险的规避。人民币在2015年的突然贬值让中国企业，特别是房地产企业很受伤。

目前，至少已有四家中国房企披露，由于2015年外汇融资造成的汇兑损失超过10亿元人民币。比如，某房产公司此前披露，2015年汇兑损失高达16.4亿元人民币。

彭博汇总数据显示，市值超过100亿元人民币的70家大型中国房企中，目前已公布2015年年报的不足三分之一，累计报告汇兑损失已达63亿元。上述70家公司2014年的全部外汇损失仅12.7亿元。人民币2015年对美元贬值4.46%，使主要收入来自中国大陆但大量使用低息美元融资的企业损失惨重。

（资料来源：汇率风险造成63亿损失 美元升值引发对冲热［EB/OL］.（2017-02-23）［2019-03-03］. 原油资讯. http：//www.king001.com/news/41.html.）

上面的案例说明，汇率波动造成的损失是非常大的，有时甚至超过了企业的承受能力。那么如何运用金融衍生品控制风险？通过银行开展的远期结售汇业务和外汇期权业务，我们可以提前锁定汇率，降低企业的汇率波动风险。

1. 远期结售汇业务

远期结售汇业务是确定汇价在前而实际外汇收支发生在后的结售汇业务（即期结售汇中两者是同时发生的）。企业与银行协商签订远期结售汇合同，约定将来办理结汇或售汇的人民币兑外汇币种、金额、汇率以及交割期限。在交割日当天，企业可按照远期结售汇合同所确定的币种、金额、汇率向银行办理结汇或售汇。

企业的正确选择是：进口付汇约定较低的结售汇率，出口收汇约定较高的结售汇率。

2. 外汇期权交易

外汇期权也称货币期权，指合约购买方在向出售方支付一定期权费后，所获得的在未来约定日期或一定时间内，按照规定汇率买进或者卖出一定数量外汇资产的选择权。

外汇期权的特点是：买方为权利方，收益无限，风险有限；卖方为义务方，收益有限，风险无限。

外汇期权交易可以为参与者提供外汇保值的方法和从汇率变动中获利的机会，具有较大的灵活性。

王德荣点醒：在我日常服务的企业中，不少企业对外汇知识的了解是不足的，对汇率波动风险没有深刻的认识。如果你是有外债需要偿还的老板，或有收取外汇业务的老板，都要关注外汇汇率波动的风险，提前锁定结售汇的汇率，确保企业的利润不受汇率波动的影响。

2.6　如何利用具有强制执行效力的公证债权文书保护自己的利益

老板们可能会问：什么是具有强制执行效力的公证债权文书？跟我有什么关系啊？

我们先通过一个案例来通俗地解释具有强制执行效力的公证债权文书。

案例 2–10

什么是具有强制执行效力的公证债权文书

某企业老板张三借出 5 000 万元给李四后，要求李四以其办公楼作为抵押。如果李四不按期还款，张三就要起诉李四，胜诉后才能拍卖其办公楼还债，诉讼程序复杂且所需时间很长。于是张三与李四商量去公证处办一个具有强制执行效力的公证债权文书。取得该公证文书后，如果李四不按期还款，张三不需要起诉李四就可以直接申请强制拍卖李四的办公楼抵偿债务。

从相关法律的规定看，具有强制执行效力的公证债权文书，是债权人和借款人基于真实的意思表示对自己权利的处分。根据《中华人民共和国民事诉讼法》（以下简称《民事诉讼法》）第二百三十八条“对公证机关依法赋予强制执行效力的债权文书，一方当事人不履行的，对方当事人可以向有管辖权的人民法院申请执行，受申请的人民法院应当执行”的规定，可以作为债权人申请法院强制执行的依据。

企业家一定要了解，这种具有强制执行效力的公证债权文书的杀伤力是直接且巨大的，有时会让你措手不及。由下面的案例可知，因为有了该公证文书，债务人的股权被直接过户到了债权人名下，不需要通过诉讼程序，真是简单明了，一招秒杀。

案例 2-11

具有强制执行效力的公证债权文书的威力

张三在 2018 年 3 月想用其持有的 A 上市公司的股票作为质押向李四借款 3 000 万元人民币，而李四很明白具有强制效力的公证债权文书的用处，并且与公证机关也很熟悉，于是李四提出，如果张三想借款，必须用其股票作为质押，同时对借款及质押合同进行公证，在公证处办理具有强制执行效力的公证债权文书，质押时的价格为 6 元 / 股，一旦股票价格下跌至低于 3 元 / 股，李四即可向公证机关申请执行证书，并向法院申请对该质押股票进行强制执行。

令张三没有想到的是，2018 年的股市从 3 月开始一直下跌，到 10 月，张三公司的股票价格下跌至 2.8 元 / 股。李四为了保护自己的利益，在股票下跌至 3 元 / 股以下时，即启动了相应的强制执行程序。最终通过公证处和法院，依法在不需要经过诉讼的情况下，直接将股票强制执行到自己名下，并在二级市场出售执行取得的股票，从而收回了自己 3 000 万元的本金及利息。

而对于张三来说，由于不知道不需要通过诉讼就能强制执行自己的股票，因此不能采取通过诉讼方式拖延被执行的时间。如果能通过诉讼拖延的话，可能在诉讼期间股票价格上涨了，就算被执行，损失也会减少。由于张三不清楚这种具有强制执行效力的公证债权文书的杀伤力，错过了股票价格可能上涨而取得的收益，遭受了巨大的经济损失。

反过来看，李四的做法是可取的。

王德荣点醒：具有强制执行效力的公证债权文书是债权人的“保护伞”，同时是债务人的“催命符”。债务人一定要注意它可能给自己带来的杀伤力，而债权人一定要用好这把“保护伞”。

附 1：相关法律依据

中华人民共和国民事诉讼法

第二百三十八条 对公证机关依法赋予强制执行效力的债权文书，一方当事人不履行的，对方当事人可以向有管辖权的人民法院申请执行，受申请的人民法院应当执行。

公证债权文书确有错误的，人民法院裁定不予执行，并将裁定书送达双方当事人和公证机关。

中华人民共和国公证法

第三十七条 对经公证的以给付为内容并载明债务人愿意接受强制执行承诺的债权文书，债务人不履行或者履行不适当的，债权人可以依法向有管辖权的人民法院申请执行。

前款规定的债权文书确有错误的，人民法院裁定不予执行，并将裁定书送达双方当事人和公证机构。

最高人民法院关于当事人对具有强制执行效力的公证债权文书的内容有争议提起诉讼人民法院是否受理问题的批复

（法释〔2008〕17号）

根据《中华人民共和国民事诉讼法》第二百一十四条和《中华人民共和国公证法》第三十七条的规定，经公证的以给付为内容并载明债务人愿意接受强制执行承诺的债权文书依法具有强制执行效力。债权人或者债务人对该债权文书的内容有争议直接向人民法院提起民事诉讼的，人民法院不予受理。但公证债权文书确有错误，人民法院裁定不予执行的，当事人、公证事项的利害关系人可以就争议内容向人民法院提起民事诉讼。

最高人民法院、司法部关于公证机关赋予强制执行效力的债权文书执行有关问题的联合通知

（司发通〔2000〕107号）

四、债务人不履行或不完全履行公证机关赋予强制执行效力的债权文书的，债权人可以向原公证机关申请执行证书。

五、公证机关签发执行证书应当注意审查以下内容：

（一）不履行或不完全履行的事实确实发生；

（二）债权人履行合同义务的事实和证据，债务人依照债权文书已经部分履行的事实；

（三）债务人对债权文书规定的履行义务有无疑义。

七、债权人凭原公证书及执行证书可以向有管辖权的人民法院申请执行。

附 2：

具有强制执行效力的债权文书公证书（范本）

[（2016）京方正内民证字第 ×× 号]

申请人：董××，女，一九　　年　　月　　日出生，公民身份号码：　　　　　　。

申请人：李××，女，一九　　年　　月　　日出生，公民身份号码：　　　　　　。

公证事项：赋予《借款合同》强制执行效力。

申请人董××、李××于二〇一六年十月十八日向本处申请对前面的《借款合同》进行公证并赋予该合同强制执行效力。

申请人分别向本处提交了各自的中华人民共和国居民身份证及相关证明材料。

根据《中华人民共和国公证法》的规定，本处对申请人提交的材料进行了审查，并向申请人进行了询问，现查明如下事实：董××和李××均具有签订《借款合同》，建立借贷法律关系的民事行为能力。现董××向李××借款人民币壹佰伍拾万元整，用于资金周转，借款期限 20 天，自借款实际支付之日起算，双方当事人就借款利息、违约责任、担保范围、办理公证等相关事项协商一致，订立了《借款合同》，该合同内容具体、明确，申请人签订该合同的意思表示真实。借款人董××表示若未按时履行该合同所设定的还款义务，按照该合同的约定，自愿接受人民法院的强制执行并放弃抗辩权。申请人双方就债务人违约时本处应债权人的申请出具执行证书前的核实方式达成了明确的约定。

本公证员就该《借款合同》所涉及的债权债务向申请人进行了核实，就该合同中有关强制执行公证的概念、程序、效力以及强制执行公证的法律意义、法律后果等向申请人作了告知。

依据上述事实，兹证明申请人董 ×× 和李 ×× 于二〇一六年十月十八日在本处，在前面的《借款合同》上签字。双方当事人的签约行为符合《中华人民共和国民法通则》第五十五条的规定，该合同的内容符合《中华人民共和国合同法》的有关规定。

根据《中华人民共和国民事诉讼法》第二百三十八条、《中华人民共和国公证法》第三十七条和《最高人民法院司法部关于公证机关赋予强制执行效力的债权文书执行有关问题的联合通知》的有关规定，自前面的《借款合同》生效及当事人的债权债务形成之日起，本公证书具有强制执行效力。

中华人民共和国北京市 ×× 公证处

公证员

二〇一六年十月二十一日

（资料来源：别尔嘉 . 具有强制执行效力的债权文书公证书（第三方连带责任）[EB/OL].（2018-01-06）[2019-03-03].https：//wenku.baidu.com/view/e062945cf68a6529647d27284b73f242336c31a0.html.）

2.7 员工社保如何筹划

最近社交网络上有一则消息传得沸沸扬扬：社保征管制度改革后，某知名快递公司通过要求员工转变为个体经营，从劳动关系转变为承包关系，以减少社保费用支出。此消息随后引发热议。

根据我们的观察，在我国，外资企业缴纳社保的合规程度较高，“社保税征”对其影响有限；国有企业社保缴纳比较合规，由“社保税征”引发的成本上升幅度较小；而民营企业由于存在社保缴纳违规行为，受到的冲击最大。

从另一个角度讲，“社保税征”也是一个逆向筛选的过程。原本社保缴纳合规的用人单位在改革后能够变相提高竞争力；而对于原本社保缴纳违规的企业而言，不仅面临“还历史旧账”的负担，还要重新评估现有利润能否覆盖人工成本支出。因此，政策施行后，用人单位可能会呈现一定的马太效应——强者愈强、弱者愈弱。

本次社保征管制度的改革，会促使企业社保缴纳往合规操作的方向发展。那么，不合规的社保筹划有哪些？

1. 找发票报销的筹划方式及风险

找发票报销的方式意在通过拆分收入的方式来“节税”，也就是把业务员高额的工资绩效一分为二，一部分为工资薪金，正常缴纳社保；另一部分通过让业务员找费用发票来抵的方式，规避个税和社保。

在此提醒大家：让员工找票抵工资的方式来规避个税与社保是违法行为，公司应立刻摈弃这种找票抵税和规避社保的“节税”方式。

随着国地税合并、“金税三期”大数据深入覆盖、社保入税的普及以及发票合规性监管时代的来临，我国已全面进入“税收强制规范”的时代，财务人员稍有不慎，就会造成稽查风险，甚至给企业和个人带来灭顶之灾，得不偿失！上海市金山区某税务所最近已通过检查发现了用发票报销的税务问题。

找发票报销涉及的法律责任：一方面，根据《中华人民共和国税收征收管理法》第六十三条的规定会被认定为偷税；另一方面根据《中华人民共和国刑法》第二百零五条的规定会被认定虚开发票。具体的法条规定笔者在本章不作详细表述，后面的章节会专门介绍什么是偷税及其法律责任，以及如何认定虚开发票的问题。

2. “社保税征”后，通过劳务派遣公司缴社保的筹划不灵了

“社保税征”后，单单就社保基数合规这一块来说，无论是单位直接缴纳还是委托劳务派遣公司或第三方缴纳，严格来说都是一样的。由此看来，由劳务派遣公司缴社保以达到少缴社保的方法不灵了。

实行“社保税征”之后，劳务派遣公司也得足额缴纳员工社保，因此，劳务派遣公司面向机关事业单位那部分的业务影响不大，但为企业代发工资和缴社保方面的业务确实会受到很大的影响。

为规避因不合规的社保筹划带来的风险，企业应依据法律，在法律法规的框架内进行社保筹划。

根据《中华人民共和国社会保险法》(以下简称《社会保险法》)第十条第二款的规定，下列人员可以自愿加入职工基本养老保险：

(1)无雇工的个体工商户。个体工商户通常是自然人个人或家庭从事经营活动，其根据经营的需要，如果雇佣了其他劳动者，则应该强制参加职工基本养老保险；而如果仅仅是自然人个人或家庭成员而没有雇佣其他人，则可以自愿参加。

(2)未在用人单位参加基本养老保险的非全日制从业人员。根据劳动法的规定，非全日制劳动者是指以小时计酬为主，劳动者在用人单位一般平均每日工作时间不超过 4 小时，每周工作时间累计不超过

24小时的劳动者。根据《劳动和社会保障部关于非全日制用工若干问题的意见》(劳社部发〔2003〕12号)，非全日制劳动者应该参加基本养老保险，但是各个地方的具体操作方式不同，有些地方是在单位参保，有些地方则是由用人单位将相关的保费包括在工资中直接支付给非全日制劳动者，由非全日制劳动者自己参保缴费。

(3)其他灵活就业人员，如家庭雇工等，则可自愿参加职工基本养老保险。

由上面的分析可知，如果是无雇工的个体工商户和非全日制从业人员，是可以自愿参加社保的，所以各公司可以根据各自所在地的社保部门对此的认定进行操作。如果在当地上述两种用工是可以自愿缴社保的，可以采取将员工转换为无雇工的个体工商户或非全日制从业人员的方式进行操作。

根据《社会保险法》第二十三条第二款的规定，无雇工的个体工商户、未在用人单位参加职工基本医疗保险的非全日制从业人员以及其他灵活就业人员可以参加职工基本医疗保险，由个人按照国家规定缴纳基本医疗保险费。也就是说，基本医疗保险方面，如果将员工转换为无雇工的个体工商户或非全日制从业人员进行操作，也可以自愿缴纳。

案例2-12

业务外包的社保筹划

W公司将营销人员(张三、李四和王五)的工作划分为两部分。一部分是在W公司的日常行政管理工作，营销人员与W公司签订全日制劳务合同。另一部分市场营销工作分包给江苏伙伙集团，再由江苏伙伙集团与营销人员签订非全日制合同。而根据江苏伙伙集团注册地社保部门的要求，非全日制合同员工在当地自愿缴纳社保，也就是说可缴可不缴，因此张三、李四和王五领取的工资就可以不缴社保。具体操作如下：

（1）全日制合同：W公司以最低社保基数保留营销人员的全日制劳动合同，按照最低社保基数发放工资，并以最低基数为销售人员缴纳“五险一金”。

（2）非全日制合同：W公司将销售人员剩余工资的发放与销售/营销业务一同外包给伙伙集团销售公司，伙伙集团销售公司与这些销售人员签订非全日制合同，缴纳单独的工伤保险，伙伙集团销售公司为其代发工资并为销售人员合并报税。

作为伙伙公司，它可以与员工签订非全日制合同（见图2–3），也可以用另一种方式，即将业务转包给员工，再由员工注册个体户承包伙伙公司的业务（见图2–4）。这两种方式的选择视业务的复杂程度而定。

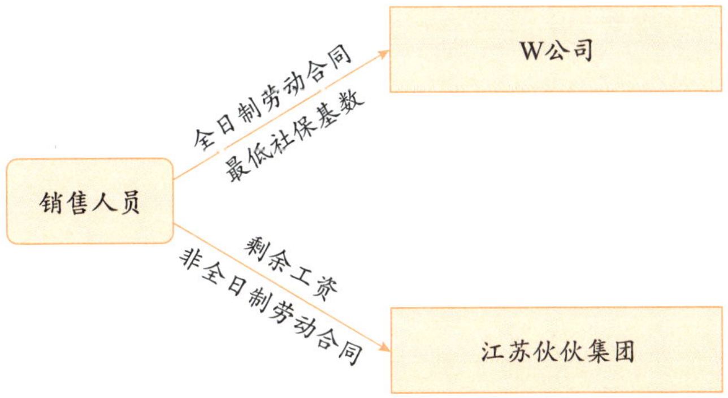

图2–3　非全日制合同管理方式

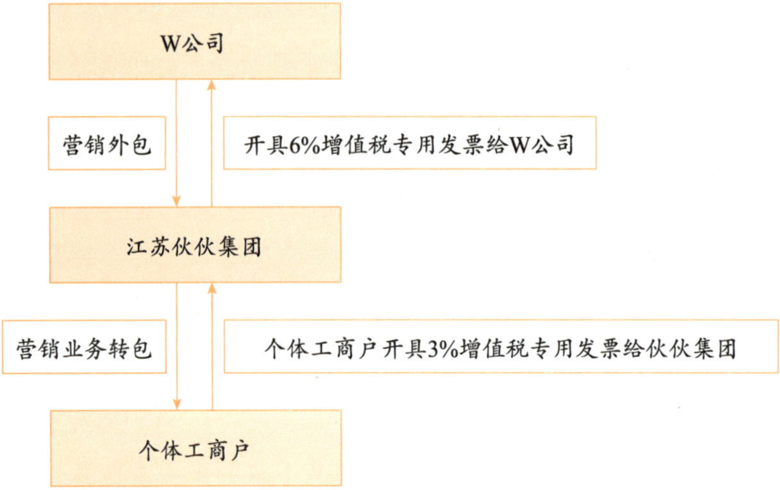

图 2-4　业务转包管理方式

王德荣点醒：社保的筹划尽管有相关的法规做支持，但还是要结合公司注册地的社保部门的规定进行操作；利用非全日制劳动合同员工和无雇工的个体工商户进行社保筹划的操作也是这样，只有在当地社保部门认可的前提下才能操作。如果不熟悉当地的社保政策，请不要用上述方法，以免出现风险。

第 2 篇

企业筹资的财税谋略

企业的老板要想为企业筹资，在日常经营中保持企业的资金链不断裂，利用银行贷款为公司的经营增加效益，就需要学习和思考筹资相关的财税谋略。本篇给大家提供了一些操作方法。

CHAPTER 3

贷款的财税谋略

3.1 现金是企业的血液

在企业的经营中，现金是企业的血液，一旦资金链断裂，后果不堪设想。很多时候企业只知道现金的重要性，对如何通过银行授信和股权融资等方式增加现金流的来源认识不足。有时企业在现金流不足的情况下，还进行大额的投资，导致企业因资金链断裂而破产的结局。

案例 3-1

史某某面临资金链断裂困境

1993 年，史某某进军保健品市场，大规模宣传产品，让自己和 A 集团的名字家喻户晓。1995 年，A 公司推出 12 种保健品，斥资 1 亿元投放广告。史某某一手创办的公司不到两年就实现年销售额上亿元，世人谓之奇迹。同年，史某某也在《福布斯》中国大陆富豪榜上位居第八。从囊中羞涩到中国大陆富豪榜第八位，史某某只用了短短 5 年时间。

正是这样的辉煌，让史某某成了当时所有青年人心目中仅次于比尔·盖茨的第二大偶像。他要建造一座A大厦。

1994年年初，A大厦动工，设计建成72层的高楼，计划3年完工。

1996年，A大厦建设资金告急。

1997年年初，由于资金链断裂，刚建至地面三层的A大厦停工。

1998年元月，A集团负债2.5亿元。珠海市法院在1月28日查封了集团的资产。

（资料来源：史玉柱的“滑铁卢”——巨人大厦[EB/OL].（2015-04-20）[2019-03-03].https://wenku.baidu.com/view/3c3c9c1b1ed9ad51f01df28d.html.）

王德荣点醒：不要总认为资金链断裂的事不会发生在你身上，这是盲目乐观的表现。如果你拥有的是一家高负债经营的企业，一定要随时防范资金链断裂的风险，想办法降低债务杠杆，以免遭遇破产危机。

3.2 建立输血的渠道

现金是企业的血液，没有了现金企业就没有了血液，会面临死亡的威胁。如何建立输血的渠道，是企业要经常考虑的问题。

（1）建立银行的授信体系，通过与银行的合作，取得一定的授信额度。这里包括提供一定的抵押物去取得授信。

（2）在向客户赊销时，一定要注意赊销的期限、抵押物等，在没有抵押物的情况下，赊销一定要谨慎，因为一旦客户不支付货款，产生坏账的风险非常大。

案例 3–2

银行授信作用大

某大型企业集团，在采购旺季用到现金的情况非常多，但在采购淡季用到的现金又较少，平时总是持有较多的现金在手上以备采购之需也不现实。为此，该企业的老板在与多家银行沟通后，终于与某银行的总部达成一致：企业的资金主要存在该银行，并支付一定的授信手续费，换取银行给该企业集团的授信额度。双方签订授信协议，银行一年给该企业的授信额度为 2 亿元。企业需要现金时，可以随时向该银行提出用款申请，只要是在 2 亿元额度内的，可以在 1 天内拿到资金。半年后，该企业集团又扩大了合作银行的范围，与多家银行签订类似的授信协议，授信总规模达到 5 亿元人民币，彻底解决了企业资金需求的问题。

王德荣点醒：老板一定要考虑通过银行授信的方式增加资金来源的渠道，因为从融资成本来看，银行贷款的成本是比较低的。

3.3 企业的筹资策略

在创业初期，由于企业的商业模式还没有形成，现金流不多或不稳定，从银行取得授信的可能性较小，因此这个阶段除了有不动产作抵押筹资外，银行一般不贷款给企业。但企业老板不到万不得已不要用自己唯一的住房去抵押借款，因为创业成功的很少，在创业初期这样做是一种作死的做法，不值得提倡。

在创业初期，较好的筹资方式是找天使投资人，只要你有好的盈利模式，找到合适的投资人是有可能的。目前，市场上有专门的机构和投资人在找好的投资项目。

企业进入发展期后，可以适当贷款，但要考虑企业的还款压力。

企业进入成熟期后，可以根据自己的现金流状况，向银行贷款，并将取得的贷款用于其他高收益的经营项目。

如果企业已进入衰退期，就要根据其经营情况，谨慎经营，尽可能地取得更多的收益，这个阶段不宜贷款。

案例 3-3

创业公司的融资

某创业公司主营共享单车业务，在创业一年时，企业进入了扩张期，也完成了多轮融资，但是资金还是不够用。于是该公司在 2016 年 3 月向某银行申请流动资金贷款 2 000 万元。贷款申请最后上报到该银行分行的副行长那里等待审批。

在审批会上有两种意见。一种是可以批准贷款，因为共享单车业务科技含量较高，未来发展前景广阔。另一种意见是由于该创业公司的盈利模式还不固定，现金流也不稳定，从银行作为债权人的角度看来，风险和收益是不匹配的，银行承担了较高的风险，而取得的收益却比较少。对创业公司来说，在企业的创业初期不太适合银行资金进入。这时应由天使投资或其他长期投资资金进入，因为对股权投资人来说，如果创业公司上市或被其他公司收购，投资回报率是比较高的。

经过上面的分析，最后银行采纳了第二种意见，认为企业在创业初期，失败的风险比较高，银行取得的收益与其承担的风险不匹配，贷款不予发放。

王德荣点醒：企业老板一定要明白自己的企业处于哪个发展阶段，以及企业的经营风险与融资方式，不要盲目融资。我身边有不少老板往往不明白为什么银行不愿意贷款给他们，如果他们明白了银行也要考虑风险和收益要匹配的逻辑，就应该知道如何与银行打交道，比如通过增加不动产抵押的方式去增信，从而获得银行贷款。

CHAPTER 4

企业房产交易的财税谋略

4.1 企业老板个人利用贷款购房的财务考虑

假设张三购买130万元的房子，首付40万元，向银行贷款90万元，贷款利率为年化5%。那么，贷款买房是否可行？

笔者认为，贷款买房是国家对借款人的一种福利，能贷款买房当然是比较好的。分析理由如下。

假设张三的90万元贷款时间为25年，那么在这25年里，贷款总额不会因为时间的增长而增加，只是逐年偿还利息和部分本金。

如果张三一家人原来是租房住，按目前租金与房价的比率计算，租售比为1.5%左右。

从中国GDP的增长率来看，未来中国的GDP增幅应当在5%左右，先按7折计算，假设未来GDP的增长率为3.5%。

那么如果不租房而买房，节约的 1.5% 租金加上未来 GDP 3.5% 的增长率，合计为 5%。也就是说，从未来 10 年的经济发展来看，房子的价格及未来的收益是可以抵消利息支出的。具体见表 4-1。

表 4-1

购房总额（万元）	贷　款（万元）	贷款年利率
130	90	5%
住房的租售比率	**中国 GDP 增长率**	**合计**
1.5%	3.5%	5%

从上面的分析来看，在负债 90 万元不变的情况下，贷款利率 5%，与房子未来的收益和节约的租金合计收益率 5% 抵消后，张三相当于没有支付利息就取得了房子。

因此贷款买房要考虑的应该是，未来每月是否有稳定的收入可以按月归还约定的贷款本金和利息，只要能按时还本付息并且不影响家庭的日常生活，贷款买房就是可行的。

案例 4-1

个人贷款购房的抉择

上海的李四先生就是按上述方法购房的，具体如下。

李四在 2012 年拟购买总价为 190 万元的住房，于是自筹资金 60 万元，并通过抵押老家的房产向银行贷款 130 万元，年利率 6.3%，贷款期限 15 年，在上海浦东中环边上购买了第一套房，面积 105 平方米。

李四买房时，一家人在上海租房居住，每月租金3 800元，年租金4.56万元，而该房屋的市价为250万元，租售比年化为1.8%，当时GDP的增长率为7%，两项合计为8.8%，超过了6.3%的贷款利率，因此贷款买房的收益大于租房，只要李四每月的收入能归还约定的贷款本息就行。而李四的家庭收入远大于每月需还款的1.6万元，因此该计划是可行的。

到了2014年9月，全国住宅库存量较大，商业银行在2014年10月1日实施第一次降息。

李四看到银行降息后，通过对经济的分析，感觉又到了换房子的好时机，因为国家开始出台政策出清房地产的库存。李四先生认为，国家要出清房地产的库存，必须鼓励二手房的交易，从而带动一手房的交易。但当时二手房交易，房子必须满5年才能免征5%的营业税，而李四的房子还不满2年，不符合免营业税的条件。

但李四预测国家很可能会在2015年出台税收优惠政策，从而推动二手房的交易。

于是李四在2012年10月挂牌出售房子，并开始寻找自己想换的新房子。找到买家和想买的房子后，李四并不急于成交，而是分别和对方商量，等国家的税收优惠政策出台后再办理房产过户手续。

果然，到2015年3月30日，国家出台了满2年免营业税的政策（财税〔2015〕39号文件），李四即于2015年4月5日与买家签订了出售自己那套105平方米房子的合同，售价300万元，这是到手价（减去各种税费后）。这样李四就节约了16万元的税款

（如果没有这个新政策，不满 5 年的二手房要全额征收营业税）。

李四出手自己的二手房后，在 5 月 7 日购入了浦西中环地铁口的住宅，总价 650 万元。双方于当日签订了交易合同。

这套 650 万元的房子，李四再贷款 400 万元，贷款利率 4.3% 左右；住房的租售比年化为 1.8%，GDP 增长率为 6%，两项合计为 7.8%，超过了 4.3% 的贷款利率。详见表 4–2。

表 4–2

购房总额（万元）	贷　款（万元）	贷款年利率
650	400	4.3%
住房的租售比率	**中国 GDP 增长**	**合计**
1.8%	6%	7.8%

由上述案例可知，贷款的总额是不变的，只要每月有足够的现金流归还贷款而不影响自己的生活，贷款买房的方案就是可行的。

王德荣点醒：房是用来住的、不是用来炒的。如果你将来买房，我建议一定要在一线和二线城市，或者省会城市在地铁口附近的房产。这些房产出租比较容易，将来换大房时转手也好卖。城市加地段永远是首要的考虑因素。其次要考虑结合贷款来买房。因为贷款买房是国家的一种福利，而且依照政策不是每一个人都有资格的。放弃贷款，你就放弃了国家给你的福利，有点可惜。

4.2 企业购房时的财税谋略

从节税角度看，以老板个人名义购住房好，还是以企业名义购买好？

如表4-3所示，假设购买的住房（不是商铺或商务楼）买价1 000万元，5年后卖掉，销售价2 000万元，增值1 000万元（都是不含增值税的价格），初步测算企业购买收益为333万元，个人购买收益为904万元，两者相差571万元。所以从税收和收益的角度看，是以个人名义购住房比较好。

表4-3

单位：万元

项目		企业购买收益及涉税情况	个人购买收益及涉税情况	企业与个人收益和缴税差额
比较	实际收益金额	333	904	-571
	纳税总额	667	97	570

说明：受到计算时四舍五入的影响，两个差额不尽相同。

读者可能会问，为什么相差这么大啊？从下面的计算表（见表4-4）中可以看出，以企业名义买房比以个人名义买房要多缴土地增值税和企业所得税，两种税的综合税负率达50%。

表4-4

单位：万元

项目		企业购买涉税情况		个人购买涉税情况	
		计算金额	税法解释	计算金额	税法解释
购买与销售增值情况	购买价	1 000		1 000	
	销售价	2 000		2 000	
	增值额	1 000		1 000	

续表

项目		企业购买涉税情况		个人购买涉税情况	
		计算金额	税法解释	计算金额	税法解释
持有环节	房产税	7.2	按房租金额的 12% 计算，假设租金 10 000 元 / 月	2.4	减按 4% 计算
	增值税及附加	3.3	按增值税征收率 5% 计算	0.99	减按 1.5% 计算
交易环节	增值税及附加	27	小规模纳税人销售其取得（不含自建）的不动产（不含个体工商户销售购买的住房和其他个人销售不动产），应以取得的全部价款和价外费用减去该项不动产购置原价或者取得不动产时的作价后的余额为销售额，按照不含税价的 5% 的征收率计算应纳税额。附加率 0.56%，合计 5.65%	57	个人销售非标准住宅按购销差额的不含税价 5.65% 计算
	所得税	241	扣除相应的之前购买环节的费用（见土地增值税计算表），税率 25%，5 年的折旧可以作为亏损在销售时扣除，即成本为购房时的价格	40	个人销售第二套非标准住宅按销售总额的 2% 计算
	印花税	1	按万分之五缴纳印花税	0	免税，根据财税〔2008〕137 号文件规定，对个人销售或购买住房暂免征收印花税
	土地增值税	285	征税，参见土地增值税计算表，增值率超过 50% 的，税率达到 40%	0	免税，根据财税〔2008〕137 号文件规定，对个人销售住房暂免征收土地增值税
交易环节税额小计		583		97	

如果一定要以企业的名义买房，不管是购买住房还是购买其他商务楼，都可以专门设立一家全资子公司，并以子公司名义买房，在准备卖出房子时则转让子公司的股权。除税法有特别规定外，这样可以节约 60% 的土地增值税以及 5.5% 的增值税及附加。

案例 4–2

企业购房主体的抉择

A 公司专门新设立 B 子公司，以 B 公司的名义购买并持有住房，这样在准备卖出房子时，可以通过转让 A 公司持有的 B 公司的股权来达到售房的目的。当购买的是商务楼时，金额大，应缴纳土地增值税和增值税比较多，更应该成立专门的子公司持有不动产。

企业买房的操作详见图 4–1。

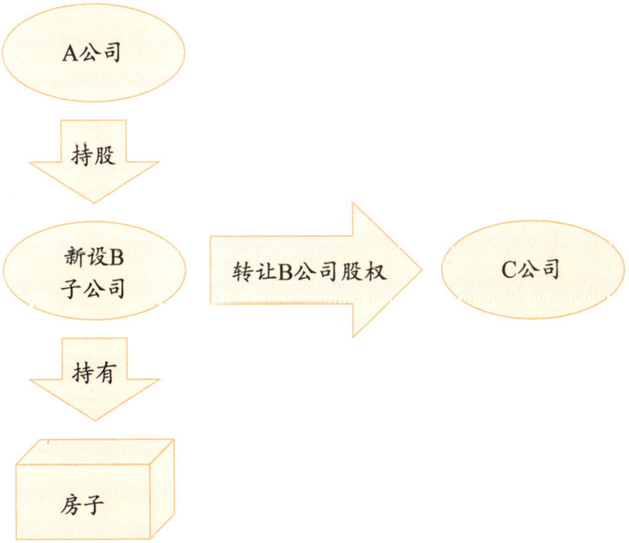

图 4–1 企业买房的操作

当 A 公司转让 B 子公司的股权时，只需缴企业所得税和印花税，不缴土地增值税。尽管 2000 年国家税务总局出台过征土地增值税的相关文件，即《国家税务总局关于以转让股权名义转让房地产行为征收土地增值税问题的批复》（国税函〔2000〕687 号），但目前来看，各地的执行情况不同。在操作时，有的企业只转让 90% 的股权，留 10% 不转让，并将该 10% 的股权质押给 C 公司，也可以达到全部售房的目的。

王德荣点醒：在一般情况下，应首选以个人名义买住房，这样税费比较低。如果有其他原因只能以公司名义买房，则要考虑税费及代持的问题，因为公司买房的土地增值税最高达到 60%，所以公司买房后再转让的，一般不直接销售房产，而是通过转让公司股权的方式达到少缴税款的目的。

附：相关法律依据

国家税务总局关于以转让股权名义转让房地产行为征收土地增值税问题的批复

（国税函〔2000〕687 号）

广西壮族自治区地方税务局：

你局《关于以转让股权名义转让房地产行为征收土地增值税问题的请示》（桂地税报〔2000〕32 号）收悉。鉴于深圳市能源集团有限公司和深圳能源投资股份有限公司一次性共同转让深圳能源（钦州）实业有限公司 100% 的股权，且这些以股权形式表现的资产主要是土地使用权、地上建筑物及附着物，经研究，对此应按土地增值税的规定征税。

4.3 企业购买拍卖房地产时的财税谋略

笔者在为企业提供咨询服务过程中发现，企业常有购买拍卖的房产或土地的行为，但是对拍卖房交易中涉及的税费却知之不多。拍卖一般由买方承担交易中的税费，包括卖方要缴纳的税费，这往往导致公司开始时觉得拍卖房地产的价格不高，但是在过户中才发现承担的税费差不多相当于购买房地产的交易价格，从而造成购房成本太高，并且替卖方承担的税费是不能列入买方购买成本的。所以企业购买拍卖房地产时，要加强对财税方面知识的学习和了解，做好交易税费的测算，不要盲目认为拍卖价格低就是购买成本低。

1. 参与拍卖时，明确交易环节的税费是否由买方负担

很多法院拍卖都要求购买方承担交易环节的全部税费，这样的话，交易价格就不只是拍卖价格，还包括交易环节的各项税费。

如果拍卖的房产为企业所有，那么交易环节涉及的税费有增值税及附加、土地增值税、印花税、企业所得税等，购买方还涉及契税。

2. 预先向房地产所在地的主管税务机关了解购买拍卖房的税收政策以及征税方式

例如，笔者曾分别帮助北京和广东的两家企业购买拍卖房，两地税务机关的征税方式是不一样的。北京的主管税务机关认可按重置成本确认旧房的评估价格（旧房及建筑物的评估价格，是指在转让已使用的房屋及建筑物时，由政府批准设立的房地产评估机构评定的重置成本价乘以成新度折扣率后的价格）。评估价格经当地税务机关确认，

可以作为土地所得税纳税依据。

广东的主管税务机关则不按评估价格，而是按拍卖价格计算缴纳土地增值税。

3. 事先请人做专门的纳税测算，对应纳的税金总额做到心中有数

从下节内容可以看出，拍卖中购买的旧房及土地在转让过程中涉及的计算是较为复杂的，必须请财税专业人士进行测算才能得出较为准确的概算数据。所以，事先测算很有必要。

王德荣点醒：企业购买拍卖房时，一定要请专业人员对拍卖公告进行研究，看交易税费（包括卖方的税费）是否全部由买方承担，如果是的话，那就要测算好应缴的税费总额，以免公司准备的资金不足；同时要注意，房地产交易的纳税地点应是房地产所在地的主管税务机关，而不是房东所在地的主管税务机关。

4.4 旧房及土地转让土地增值税计算方法和步骤总结

企业在经营过程中，有可能需要买卖旧房和土地，而测算旧房或土地交易中涉及的土地增值税的过程较为复杂。本节总结了计算方法和步骤，及相关的税收政策法规，供老板们参考。

4.4.1　转让旧房计算土地增值税的步骤

分四步计算应纳税额。

（1）计算增值额。

增值额＝收入额－扣除项目金额

（2）计算增值率。

增值率＝增值额 ÷ 扣除项目金额

（3）确定适用税率。依据计算的增值率，按其税率表确定适用税率。

（4）依据适用税率计算应纳税额。

应纳税额＝增值额 × 适用税率－扣除项目金额 × 速算扣除系数

在确定增值额时需要分别确定收入额和扣除项目金额。

4.4.2　转让旧房及土地收入额的确定

主要有以下两种情形。

1. 以交易价格为房产、地产收入

交易价格是指买卖或交易双方的成交价，包括因转让房地产而取

得的全部价款及有关的经济收益。旧房和其他土地一并转让的，一般合并统算。

2. 以评估价格为房产、地产收入

纳税人隐瞒、虚报房地产成交价格的，转让房地产的成交价格低于房地产评估价格又无正当理由的，应由评估机构参照同类房地产的市场交易价格进行评估，税务机关根据或参照评估价格确定纳税人转让房地产的收入。

4.4.3 扣除项目金额的确定方法

1. 能够取得房屋评估价格情形下的操作方法

（1）确定旧房及建筑物的评估价格。

根据《中华人民共和国土地增值税暂行条例细则》的规定，旧房及建筑物的评估价格，是指在转让已使用的房屋及建筑物时，由政府批准设立的房地产评估机构评定的重置成本价乘以成新度折扣率后的价格。评估价格须经当地税务机关确认。

评估价格 = 重置成本价 × 成新度折扣率

例如，某企业转让一幢使用过多年的办公楼，经税务机关认定的重置成本价为 12 000 万元，成新度折扣率为 70%，则评估价格为 12 000 × 70%=8 400（万元）。

（2）确定土地成本。

土地成本包括取得土地使用权所支付的地价款和按国家统一规定交纳的有关费用。

（3）确定与转让房地产有关的税金和其他费用。

①纳税人购房时缴纳的契税。

②销售不动产缴纳的增值税、城市维护建设税、教育费附加、地方教育附加、印花税（房地产企业转让旧房也可扣除印花税）等。

③纳税人转让旧房及建筑物时因计算纳税的需要而对房地产进行评估，其支付的评估费用允许在计算增值额时予以扣除。

土地增值税扣除项目 = 旧房及建筑物的评估价格 + 土地成本 + 与房地产转让有关税金和有关费用

2. 不能取得评估价格，但能提供购房发票情形下的操作方法

根据《财政部 国家税务局关于土地增值税若干问题的通知》（财税〔2006〕21号）及《国家税务总局关于土地增值税清算有关问题的通知》（国税函〔2010〕220号）的规定，纳税人转让旧房及建筑物，凡不能取得评估价格，但能提供购房发票的，经当地税务部门确认，《中华人民共和国土地增值税暂行条例》第六条第（一）、（三）项规定的扣除项目的金额，可按发票所载金额并从购买年度起至转让年度止每年加计5%计算。对纳税人购房时缴纳的契税，凡能提供契税完税凭证的，准予作为“与转让房地产有关的税金”予以扣除，但不作为加计5%的基数。计算扣除项目时“每年”按购房发票所载日期起

至售房发票开具之日止，每满 12 个月计一年；超过一年，未满 12 个月但超过 6 个月的，可以视同为一年。

（1）确定土地成本。

土地成本包括取得土地使用权所支付的地价款和按国家统一规定交纳的有关费用。

（2）确定与转让房地产有关的税金和有关费用。

①纳税人购房时缴纳的契税。

②销售不动产缴纳的增值税、城市维护建设税、教育费附加、地方教育附加、印花税（房地产企业转让旧房也可扣除印花税）等。

③纳税人转让旧房及建筑物时因计算纳税的需要而对房地产进行评估，其支付的评估费用允许在计算增值额时予以扣除。

此种情形下土地增值税扣除项目的完整计算公式为：

$$\text{土地增值税扣除项目}=\text{发票所载金额}\times\left[1+\left(\text{转让年度}-\text{购买年度}\right)\times5\%\right]+\text{土地成本}+\text{与房地产转让有关税金和有关费用}$$

公式中的“与房地产转让有关税金”包括转让方在房地产转让时缴纳的增值税、城市维护建设税、印花税、转让方购房时缴纳的契税。“与房地产转让有关费用”包括转让方在房地产转让时缴纳的教育费附加、地方教育附加、交易费、土地收益金、土地出让金、转让合同公证费、评估费等。“转让年度”指完税凭证上注明的年度，“购买年度”指购房发票开具年度。与房地产转让有关税金、与房地产转让有关费用等在计算扣除时须向税务机关出示票据凭证原件。

【例 4–1】

2011 年 3 月，某企业转让一处 2007 年 7 月购置的办公用房，转让时没有取得评估价格，原购房发票注明购房款 300 万元；不能提供已支付地价款凭据，购入时缴纳契税 9 万元，转让时缴纳营业税[1]、城市维护建设税、教育费附加等 5.5 万元，缴纳印花税 0.2 万元，上述金额和凭证均经过主管税务机关的确认。

要求：确定计算该房产的土地增值税时可扣除的金额。

分析：

具体计算如下：

300×（1+5%×4）+9+5.5+0.2=374.7（万元）

综上所述，不能提供评估价格但能提供购房发票情形下转让旧房的扣除项目包括以下三项：

一是购房发票所载金额（包含《中华人民共和国土地增值税暂行条例》第六条中规定的“取得土地使用权所支付的金额”以及“旧房及建筑物的评估价格”两部分）。

二是加计扣除金额（加计扣除金额 = 购房发票所载金额 ×5% ×

[1] 此案例发生在营改增前，应缴纳营业税。

购买年度起至转让年度止的年数）。

三是与转让房地产有关的税费（包括转让旧房时缴纳的增值税、城市维护建设税、印花税、契税以及教育费附加等，上述四税及附加均须提供相应的完税凭证）。

3. 既没有评估价格又没有购房发票情形下的操作方法

对于转让旧房及建筑物，既没有评估价格，又不能提供购房发票的，地方税务机关可以根据《中华人民共和国税收征收管理法》第三十五条的规定，实行核定征收。

王德荣点醒：公司买卖房地产交易中，税负的大头是土地增值税，税率最高为 60%。老板本以为房地产价格看涨，买房产可以赚很多钱，最后却发现，缴了 60% 的土地增值税以及 25% 的企业所得税后，实际赚的钱不如想象中多。因此，各位老板一定要了解土地增值税的相关情况，最好不直接购买旧的房地产，而是通过买卖企业股权的形式进行交易。另外，通过股权转让的方式，我们还可以筹划合规的节税方案。所以说财税知识对老板们是非常有用的。

附：相关法律依据

中华人民共和国土地增值税暂行条例

第六条 共计算增值额的扣除项目：

（一）取得土地使用权所支付的金额；

（二）开发土地的成本、费用；

（三）旧房及建筑物的评估价格；

（四）与转让房地产有关的税金；

（五）财政部规定的其他扣除项目。

第七条　土地增值税实行四级超率累进税率：

增值税未超过扣除项目金额50%的部分，税率为30%。

增值额超过扣除项目金额50%、未超过扣除项目金额100%的部分，税率为40%。

增值额超过扣除项目金额100%、未超过扣除项目金额200%的部分，税率为50%。

增值额超过扣除项目金额200%的部分，税率为60%。

第八条　有下列情形之一的，免征土地增值税：

（一）纳税人建造普通标准住宅出售，增值额未超过扣除项目金额20%的；

（二）因国家建设需要依法征用、收回的房地产。

中华人民共和国土地增值税暂行条例实施细则

第七条　……

旧房及建筑物的评估价格，是指在转让已使用的房屋及建筑物时，由政府批准设立的房地产评估机构评定的重置成本价乘以成新度折扣率后的价格。评估价格须经当地税务机关确认。

第十条　条例第七条所列四级超率累进税率，每级“增值额未超过扣除项目金额”的比例，均包括本比例数。

计算土地增值税税额，可按增值额乘以适用的税率减去扣除项目金额乘以速算扣除系数的简便方法计算，具体公式如下：

（一）增值额未超过扣除项目金额50%

土地增值税税额 = 增值额 ×30%

（二）增值额超过扣除项目金额 50%，未超过 100% 的

土地增值税税额 = 增值额 ×40%- 扣除项目金额 ×5%

（三）增值额超过扣除项目金额 100%，未超过 200%

土地增值税税额 = 增值额 ×50%- 扣除项目金额 ×15%

（四）增值额超过扣除项目金额 200%

土地增值税税额 = 增值税 ×60%- 扣除项目金额 ×35%

公式中的 5%、15%、35% 为速算扣除系数。

财政部、国家税务总局关于土地增值税一些具体问题规定的通知

（财税字〔1995〕48 号）

转让旧房的，应按房屋及建筑物的评估价格、取得土地使用权所支付的地价款和按国家统一规定交纳的有关费用以及转让环节缴纳的税金作为扣除项目金额计征土地增值税。对取得土地使用权时尚未支付地价款或不能提供已支付地价款凭据的，不允许扣除取得土地使用权所支付的金额。

纳税人转让旧房及建筑物时因计算纳税的需要而对房地产进行评估，其支付的评估费用允许在计算增值额时予以扣除。对于纳税人隐瞒、虚报房地产成交价格等情形而按房地产评估价格计算征收土地增值税所发生的评估费用，不允许在计算土地增值税时予以扣除。

4.5 亲属间无偿赠送房屋产权的税收问题

在生活中，由于各种原因，亲属间会发生无偿赠送房地产的情况。

那么，在什么范围内亲属间无偿赠送房地产是免税的，免税的税种又涉及哪些呢？

根据税法的规定，将房屋产权无偿赠与配偶、父母、子女、祖父母、外祖父母、孙子女、外孙子女、兄弟姐妹等直系亲属，以及其他特殊情况（请见后附的税法规定），是可以免税的，但是受赠人的契税不免。征免税的情形及规定如下：

（1）根据《财政部 国家税务总局关于全面推开营业税改征增值税试点的通知》（财税〔2016〕36号），免征增值税；同时，根据《财政部 国家税务总局关于个人无偿受赠房屋有关个人所得税问题的通知》（财税〔2009〕78号），免征个人所得税。

（2）根据《财政部 国家税务总局关于土地增值税一些具体问题的通知》（财税字〔1995〕48号）和《财政部 国家税务总局关于调整房地产交易环节税收政策》（财税〔2008〕137号），免征土地增值税。

（3）根据财税〔2008〕137号文件，免征印花税。

（4）应征收契税，各地规定有所不同，税负在1%～3%。

（5）需要提供的资料请参照以下文件：《国家税务总局关于加强房地产交易个人无偿赠与不动产税收管理有关问题通知》（国税发〔2006〕144号）和《国家税务总局关于进一步简化和规范个人无偿赠与或受赠不动产免征营业税、个人所得税所需证明资料的公告》（国家税务总局公告2015年第75号），但主要是以当地主管税务机关的意见为准。

案例 4-3

亲属间的房产赠与

张三的父母年纪较大，名下虽没有房产，但不符合银行贷款的条件。张三为了再次购房，想先将现有房产赠送给父母，某日专门向笔者咨询有关纳税的情况。

由税收政策规定可知，将房产赠与直系亲属可免征增值税、个人所得税、土地增值税及印花税，只要缴纳契税即可，而契税根据房屋属性，税率在 1% ~ 3%，因此税负不太高，是可以操作的。

需要注意的是，《中华人民共和国土地增值税暂行条例实施细则》所称的“赠与”是指房产所有人、土地使用权所有人将房屋产权、土地使用权赠与直系亲属或承担直接赡养义务人。

王德荣点醒：对于在直系亲属间无偿赠送房地产的行为一般是免税的，直系亲属的范围由税法专门规定，超过该范围的就要征税了。由于有这种无偿赠送免税的规定，因此在实际生活中，老板可以利用其优惠提前做好房地产在亲属间的权属安排，减少亲属间的争议。

附：相关法律依据

营业税改征增值税试点过渡政策的规定
（财税〔2016〕36号 文件附件3）

一、下列项目免征增值税

（三十六）涉及家庭财产分割的个人无偿转让不动产、土地使用权。

家庭财产分割，包括下列情形：离婚财产分割；无偿赠与配偶、父母、子女、祖父母、外祖父母、孙子女、外孙子女、兄弟姐妹；无偿赠与对其承担直接抚养或者赡养义务的抚养人或者赡养人；房屋产权所有人死亡，法定继承人、遗嘱继承人或者受遗赠人依法取得房屋产权。

关于个人无偿受赠房屋有关个人所得税问题的通知
（财税〔2009〕78号）

一、以下情形的房屋产权无偿赠与，对当事双方不征收个人所得税：

（一）房屋产权所有人将房屋产权无偿赠与配偶、父母、子女、祖父母、外祖父母、孙子女、外孙子女、兄弟姐妹；

中华人民共和国土地增值税暂行条例实施细则

第二条　条例第二条所称的转让国有土地使用权、地上的建筑物及其附着物取得收入，是指以出售或者其他方式有偿转让房地产的行为。不包括以继承、赠与方式无偿转让房地产的行为。

财政部 国家税务总局关于调整房地产交易环节税收政策

（财税〔2008〕137号）

二、对个人销售或购买住房暂免征收印花税。

三、对个人销售住房暂免征收土地增值税。

第 3 篇

业务
与会计循环
中的财税谋略

企业在日常经营中，业务与会计循环一般遵循以下流程：签订合同→履行合同（包括购销、服务等）→开具发票和收付款→月底进行财务处理→下个月 15 日前进行纳税申报。

在完成纳税申报后，企业可能会面临税务机关的纳税评估或税务稽查，如何做好相应的财税筹划，如何应对税务机关的评估或稽查，有争议时如何解决，如何做好企业的内控防范财税风险等，本篇将一一解答。

CHAPTER 5

业务合同的财税谋略

公司从成立到消亡各阶段都涉及合同。合同以民商法为基础，是税收缴纳依据的重要载体。合同中规定的双方权利和义务，包括纳税的义务。非关联方之间的合同要修改比较困难，关联方之间的合同修改起来则比较容易，从而也导致有避税的嫌疑。

正因为在非关联交易中要更改合同不太容易，而合同又能表明交易的基本情况，所以税务稽查人员在检查交易时，必然要查看合同的内容，并以此作为征税的依据。

下面我们来分析企业如何在日常经营中做好与合同相关的财税筹划。

5.1 采购合同未约定发票事项与因销售合同导致提前纳税的陷阱

采购和销售是企业经营中日常最主要的行为，企业老板一定要了解财税方面最关键的控制点是什么。

5.1.1 采购合同未约定发票事项的陷阱

采购合同在财税方面最关键的控制点就是付款和取得发票。前面已经讲过付款时要谨慎，而发票因为涉及税收，如果付了大部分款项，却不能取得合规的进项税发票，不能在企业所得税前合规列支，就要多缴税。

各位老板在采购货物时，一定要注意合同中关于发票事项的安排，否则采购的成本不能在企业所得税税前扣除，同时增值税进项税额也不能抵扣，税收损失将达到 25%+13%=38%。具体地说，老板应当在合同中明确以下事项，才能维护公司合法的财税权益：

（1）合同中明确应由供应商提供采购发票。

（2）可以在合同中明确，收到货物后，对方未开具发票的，只支付 60% 的货款，其余 40% 的货款在收到对方发票的 7 天内支付。或者合同条款约定“先由供货方根据采购方实际支付金额开具发票”。

（3）合同中应该约定供应商提供发票的类型（如增值税专用发票、增值税普通发票、小规模纳税人的代开发票等）。

（4）合同中应该明确发票不符合规定所导致的赔偿责任。

由以上内容可知，这些是财税与法律相结合的专业知识，公司的法务不一定完全明白，会计也不一定完全明白，因此老板们应从中协调，要求公司的采购人员抓住要点，维护公司的利益。

5.1.2 因销售合同导致提前纳税的陷阱

销售合同在财税方面最关键的控制点就是避免提前纳税。在没有收到销售款时就提前纳税，会给企业带来资金压力。老板们在销售合同中一定要注意约定以下事项，不然在客户的款项还未收回时就产生提前纳税的义务，会占用企业大量的资金。

（1）签订销售合同时，不要约定在货物未发出时就先开增值税发票，因为先开发票意味着先纳税。

（2）签订赊销或分期收款销售合同时，一定要明确赊销的收款时间，因为如无书面合同或合同没有约定收款时间，要以发货当天为纳税义务发生时间，这样只要货物发出即使未到收款时间也会提前产生纳税义务。

（3）对于赊销合同中收款时间的约定要有可执行性，不然到了收款时间如果未收到款也会产生增值税纳税义务。

以上的事项只有在事先做好安排，在合同中做了约定，才能在执行中得到落实。如果没有事前的约定，合同双方就会有争议。按税法的规定，特别是在赊销合同中，确定纳税义务发生时间首先看合同中是否约定有付款时间，有约定的从约定，没有约定的从税法的规定，即按发货的时间，这样的话企业的纳税义务就提前了。

5.1.3 服务合同如何确定纳税时间

服务合同的纳税义务发生时间是发生应税行为并收讫销售款项或

者取得索取销售款项凭据的当天；先开具发票的，为开具发票的当天。

取得索取销售款项凭据的当天，是指书面合同确定的付款日期；未签订书面合同或者书面合同未确定付款日期的，为服务、无形资产转让完成的当天或者不动产权属变更的当天。

综上所述，服务合同纳税义务发生时间的确定有三种情形：一是以服务行为已发生同时又收到销售款的当天为纳税义务发生时间；二是服务行为已发生，合同约定了付款时间的，以合同约定的付款时间为纳税发生时间；三是服务行为已发生但合同没有约定付款时间的，以服务行为完成的当天为纳税义务发生的时间。

我们在咨询服务中遇到过这样的问题：

问：我公司提供污水处理劳务，以一个月为周期结算一次，比如2018年4月提供的处理服务在2018年5月开发票收款并确认收入，这样就会导致4月的劳务在5月才确认收款并在下个月（即6月）申报纳税。按税法规定提供劳务的纳税义务发生时间是以提供劳务同时收到款或者取得收款凭据的当天，我公司当月只提供了应税劳务，并未收到款，那么纳税义务发生时间应该是什么时候？

答：对于提供服务或劳务的行为，可以根据双方约定的付款时间进行结算，即可以分期收款，但合同中没有约定收款时间的，为服务完成的当天。

如果服务已完成，又没有在合同中约定付款时间，那么应该按服务完成的时间并在服务完成后的下个月的纳税申报期进行申报纳税。

你公司4月的收入在5月才开票确认而延期纳税，这与税法规定不符。解决的方法是：可以先将4月的收入暂估并在4月开具发票，差额部分再在下个月开票，这样大部分的收入依税法要求确认了，风险相应降低。

王德荣点醒：服务行业中，纳税义务发生时间的确定，主要看合同是否约定了付款时间，这是老板们在谈合同时要注意的关键点。如果只谈服务行为，没有约定服务发生后的付款时间，那么对服务提供方来说是不利的，因为如果合同没有约定付款时间，那就以服务完成的当天为纳税义务发生时间，而一般来说，服务完成时不一定能收到款项，还没钱纳税。所以，一定要关注合同中的付款时间的约定。

附：相关法律依据

财政部 国家税务总局关于全面推开营业税改征增值税试点的通知
（财税〔2016〕36号）

第四十五条 增值税纳税义务、扣缴义务发生时间为：

（一）纳税人发生应税行为并收讫销售款项或者取得索取销售款项凭据的当天；先开具发票的，为开具发票的当天。

收讫销售款项，是指纳税人销售服务、无形资产、不动产过程中或者完成后收到款项。

取得索取销售款项凭据的当天，是指书面合同确定的付款日期；未签订书面合同或者书面合同未确定付款日期的，为服务、无形资产转让完成的当天或者不动产权属变更的当天。

5.2　租赁合同中对税收有直接影响的条款

租赁合同是大家经常会遇到的，对出租方来说，最容易忽略的就是预收租金时，是以收到预收款的当天为增值税纳税义务发生时间，也就是说，你收到预收款就要纳税了。

读者可能会问，收到预收款为什么就要纳税呢？合同还没有履行，有时房子还没有交付给对方，这不是提前纳税了吗？

税法的规定的确是这样的，因为你收到了预收款，有了纳税的必要资金，为了保证税收的稳定，国家要求企业以预收租金的时间为纳税义务发生时间。

（1）根据《营业税改征增值税试点实施办法》（财税〔2016〕36号文件附件1）第四十五条的规定，企业的租赁合同约定有预收租金的，增值税纳税义务发生时间为收到预收款的当天。

案例 5-1

收到预付租金未及时缴纳增值税

A公司与B公司是关联公司，A公司出租房产给B公司，租期20年，一次性收到租金2 138万元（见表5-1），但是A公司并未一次性缴纳增值税，而是只按当年的租金缴纳增值税5.1万元，未申报缴纳增值税83万元（见表5-2）。笔者是该公司的首席税务顾问，在到该公司例行拜访时，对方提到他们对租金的纳税处理，笔者立即指出他们的做法不符合税法对于一次性收取的租金应一次缴纳增值税的规定，会产生逾期纳税的风险，如果被税务稽查，会面临处罚的风险。

表 5-1

出租方	承租方	是否为经营租赁	资产种类	租赁期间	合同约定的年租金	20 年租金总额
A 公司	B 公司	是	厂房	20 年	107 万元	2 138 万元

表 5-2

A 公司已收到 B 公司预付到账的租金总额	仅将当年的预收租金申报纳税	107 万元租金已缴纳的增值税	未申报纳税的预付租金总额	未缴纳的增值税
1 843 万元	107 万元	5.1 万元	1 736 万元	83 万元

处理建议：在发现风险的下一个月做正常的纳税申报，尽管比之前的税款所属期晚，但已全部申报纳税，未申报的风险已得到控制。

（2）关于租赁的事项，还有以下几点需要老板们多加关注。

①根据《国家税务总局关于土地价款扣除时间等增值税征管问题的公告》（国家税务总局公告 2016 年第 86 号）第七条的规定，对于租赁合同中给予承租方免租期的行为不属于营改增中的视同销售服务，可以不缴纳增值税。

②出租建筑施工设备配备操作人员与不配备操作人员的纳税方式不同。根据《营业税改征增值税试点实施办法》（财税〔2016〕36 号文件附件 1）所附《销售服务无形资产、不动产注释》关于“租赁服务”的规定，不配备操作人员的，按出租机器设备缴纳增值税（注：目前的税率为 13%）；根据《财政部 国家税务总局关于明确金融 房地产开发 教育辅助服务等增值税政策的通知》（财税〔2016〕140 号）第

十六条的规定，配备操作人员的，按照“建筑服务”缴纳增值税（注：目前的税率为 9%）。

③根据《国家税务总局关于在境外提供建筑服务等有关问题的公告》（国家税务总局公告 2016 年第 69 号）第五条的规定，出租酒店式公寓，同时提供配套服务的（如像酒店一样提供相应的客房服务），按照住宿服务缴纳增值税；不提供配套服务的，按出租不动产缴纳增值税（注：目前的税率为 9%）。

以上分析明确了高税率和低税率的征税范围，以及是否视同销售，对企业是有利的，因此大家应有所了解，避免多纳税。

5.3 把握咨询服务协议“四大关键点”，防虚开发票

咨询服务是企业经常会接触到的，也是经常会发生问题的。如果把握不好，很容易陷入取得虚开增值税发票的困境，因此咨询服务也是税务机关特别关注的事项。如何更好地使用咨询服务，避免取得虚开的增值税发票，老板们一定要把握好以下四个方面。

1. 真实性

如何证明咨询服务的真实性？要提供相应的证据证明，如资金流、票据流，以及服务以何种方式提供等。

老板们通常会认为我只要签订了合同就可以证明了，这样的理解未免太肤浅了。合同只是书证的一种，合同签订后有无履行约定的服务内容，履行的人员是谁，什么时间提供的服务，提供的服务又有哪些？也就是服务的时间、地点和人员都要有相应的证据。然后就是取得合规的发票，并支付款项。

2. 合理性

一般通过成本加上利润来推算咨询费的合理性。

有的老板签订了合同，也享受了服务，但一次性支付了几千万元的服务费，这时税务机关就会质疑支付的服务费金额是否过大，超过了正常的服务费的标准，即支付金额是否合理。商人都是理性的人，会货比三家，不会轻易支付一大笔费用而只取得较少的服务，性价比不合理，除非其中有什么不可告人的秘密。

3. 效益性

即委托方付出的咨询费是否给公司带来效益。支付服务费给公司带来了什么样的效益？如果什么效益也没有就支付了大额的服务费，就会引起税务机关的质疑。

4. 资金支付方式

如果双方签订了合同，合同约定的服务已完成，发票也已入账，但应支付的服务费长期未支付而挂应付账款，这样的行为会引起税务机关的质疑：为什么长期不支付服务费？这么大的服务费金额对方为什么长期不来催收？是不是购买的发票？等等。

案例 5-2

建设监理公司的发票问题

2017 年 1 月，B 市某稽查局对 S 工程建设监理公司实施检查。检查中发现利润异常。S 工程建设监理公司成立于 20 世纪 90 年代，作为北京市较早开展施工监理业务的企业在业内小有名气，年营业额为 6 000 万元左右。检查人员在分析该企业所得税申报信息时发现，该企业每年申报企业所得税应纳税所得额为 50 万元左右，利润率不足 1%，明显低于监理行业平均 10% 的利润率。于是检查人员将核查重点聚焦在企业成本费用列支方面。

1. 成本核查发现企业咨询费用巨大。该企业年度咨询费用达 2 000 余万元。一家工程施工监理企业，为何会发生如此大额的咨询费用？

2. 外围调查发现资金流问题。检查人员又对 S 公司银行资金收支实施了外调，发现了一个该公司未备案的隐秘银行账户，与大额咨询费用支出对应的大部分资金均通过企业银行对公账户转账流入这个隐秘账户，并分批被该公司的财务人员崔某、孙某利用一个叫作“报账通”的设备刷卡提现，并未支付到咨询公司的账户上。

进一步调查发现，S 公司所称接受外部咨询服务、通过银行账户支付咨询费用等均为虚假信息。该公司通过虚构咨询业务，购买开票公司假发票，共虚列成本 2 000 余万元。面对检查人员掌握的翔实证据，该企业最终承认了虚增成本，偷逃企业所得税的违法事实。北京市地税局第二稽查局依法追征税款，并对其进行了处罚。

（资料来源：冷文娟，马光，周澎．揭秘稽查人员如何发现企业使用发票虚列成本［EB/OL］.（2017-03-10）［2019-03-03］.http：//www.sohu.com/a/128449265_556916.）

案例 5-3

医药销售公司的发票问题

某市 A 医药销售公司取得某省 B 咨询公司开具的咨询费发票 1 200 多万元，入账报销后，咨询费长期挂应付账款，未实际支付，被税务机关稽查发现后，无法提供合理的理由。最后，税务稽查人员通过外调等方式，查明该咨询费发票为取得的虚开发票。

王德荣点醒： 1. 在取得咨询服务费等发票入账时，如果长期不付款给对方，税务机关一般都会往虚开发票方向去稽查。因此，对于咨询费，企业不宜长期挂应付账款。

2. 老板们一定要注意，服务费不是只签订一份服务合同就大功告成，其服务时间、地点、人员的相关信息也是要有证据证明的。

5.4 如何签订符合税法要求的手续费（佣金）合同

企业在经营中，经常要支付手续费和佣金，为了防止企业过度支付手续费和佣金而减少企业的利润，税法规定了支付手续费和佣金的比例（一般行业是 5%）。如果企业支付的比例超过 5%，超过部分就不能在所得税前列支了。也就是说，你可以多支付，但税法规定列支的上限就是 5%。那么，如何把握好手续费和佣金的支付？服务费和手续费（佣金）是否有区别呢？

1. 注意税法的要求

企业在支付手续费、佣金时，一定要注意税法对与销售量（销售额）挂钩的手续费、佣金的企业所得税税前扣除是有专门规定的。根据《财政部 国家税务总局关于企业手续费及佣金支出税前扣除政策的通知》（财税〔2009〕29 号），要注意以下两点：

（1）与企业签订手续费、佣金合同的主体，应当是具有合法经营资格的中介服务机构或个人（不含交易双方及其雇员、代理人和代表人等）。

（2）合同中约定的手续费、佣金的收费比例应当是：

一般行业签订服务协议或合同以确认的收入金额的 5% 计算限额；人身保险企业为 10%，财产保险企业为 15%（保险企业的收入均按全部保费收入扣除退保金等的余额计算）。

（3）款项的支付方式：除委托个人代理外，企业以现金等非转账方式支付的手续费及佣金不得在税前扣除。

（4）企业为发行权益性证券支付给有关证券承销机构的手续费及佣金不得在税前扣除。

2. 注意手续费（佣金）与服务费的区别

手续费（佣金）与收入或销售量挂钩。如果在合同中约定是与收入或销售量挂钩的，税务机关会认定为手续费（佣金）。

服务费支出与公司的效益相关，但与收入或销售量不直接挂钩。如果超过5%的限额要在税前扣除，就不能与收入或销售量挂钩。

案例 5–4

销售佣金的比例

A公司为了增加销售量，给予推广的中间商销售额的10%作为销售佣金，双方签订了居间协议，约定在销售合同签订并履行完毕后，在收到对方货款10日内支付销售佣金。当年A公司共计支付销售佣金130万元。

由于销售佣金的10%比例是与销售额挂钩的，并且已超过5%，超过部分不能税前扣除，因此能在企业所得税税前扣除的销售佣金为65万元，另外65万元不能作为销售费在企业所得税税前扣除。

王德荣点醒：手续费、佣金的支付比例是有限额的，如果超过了就不能税前列支。对于超过部分，我建议不要在合同中约定，可以另行与合同方签订市场推广服务的合同，不按销售量或销售额比例计算，而是按一定的服务内容计算服务费，在保证服务真实性、合理性和效益性的基础上约定好服务费计算方法。

5.5 企业筹资合同的涉税谋略

企业筹资是税务机关经常关注的事项之一。对于企业在借款中支付的利息是否可以作为成本在企业所得税前列支，是否要视同销售等问题，税法规定很严格。企业之间如何做好借款安排，如何定价借款的利率，都是需要老板们重点关注的。

5.5.1 签订借款合同时，如何避免多缴税

1. 企业间借款

（1）约定利率不超过按照金融企业同期同类贷款利率计算利息（要求提供省内金融机构的证明）。税法明确规定，如果约定利率超过了金融企业同期同类贷款利率，则超过部分不能在企业所得税前列支扣除。要把握好该比例，就要求企业在签订借款合同时，能提供省内金融机构的最高的利率合同，如信托或银行、有金融资质的企业开出本金融企业同期同类贷款最高利率的证明即可。

（2）约定取得发票。

2. 企业向个人借款

根据《国家税务总局关于企业向自然人借款的利息支出企业所得税前和除问题的通知》（国税函〔2009〕777号）的规定，应注意以下几点：

（1）企业与个人之间的借贷是真实、合法、有效的，并且不具有非法集资目的；

（2）借款合同约定利率不超过金融企业同期同类贷款利率；

（3）取得发票。

向个人借款是最麻烦的，因为一般个人不会开发票给企业。解决办法是企业可以去税务机关代开发票，还可以让个人将利息拆分成利息和金融服务费等。

3. 关联企业间借款

需要注意以下几点：

（1）按同期同类贷款利率计算利息；

（2）不要签订免息合同；

（3）月末、季末、年末时冲销往来款。

关联企业之间的借款是企业容易忽略的事项，因为一般关联企业之间借款不支付利息。但是，除税法特殊规定外，关联企业之间借款不支付利息的，税务机关仍有权核定相关的利率并征收增值税和企业所得税。因此，关联企业之间的借款不要轻易签订免息合同，可按借款后不收利息处理。

案例 5–5

境内外关联公司借款案

某国外企业 A 公司 2012—2015 年向国内 B 关联公司提供贷款。2012—2014 年 3 月 A 公司向 B 公司收取了利息（见表 5–3），并由 B 公司向税务机关代扣代缴 A 公司的预提所得税（3 年已缴 81 万元）；但从 2014 年 4 月到 2015 年 8 月，A 公司对该部分外债免收利息。税务机关认为，关联企业间的借款应按同期同类贷款利率计算收取利息，现在由收利息变为免息不符合独立交易原则，为此参照同期同类利率计算利息，拟对 A 公司按 10% 税率征税，金额为人民币 64 万元。

表 5–3

项目	借款本金		借款利息支出已付	税务局已征预提所得税	估算免收利息	税务局计划征预提所得税
	美元（万元）	人民币（万元）	人民币（万元）	人民币（万元）	人民币（万元）	人民币（万元）
2015 年	1 762	2 000			384	38.4
2014 年	2 096		134	13.4	256	25.6
2013 年	1 762		346	34.6		
2012 年	1 762		331	33.1		
合计			812	81.2	640	64

案例 5–6

内蒙古两家关联方之间的贷款问题

2016 年，内蒙古一家房地产公司的母公司按 8.5% 年化利率贷款给子公司，金额 5 000 万元，经税务机关检查，被质疑借款利率过高，质疑的理由包括以下两点：

一是穿透到贷款方看资金来源的成本加上合理的利润远少于 8.5%。

二是金融企业同期同类贷款利率也低于 8.5%。

通过这两个方面的比较可以看出，8.5% 的贷款利率很可能不合理。

案例 5-7

某市房地产公司母子公司之间的无偿借款

2016 年，某市房地产公司母公司无偿借款给子公司 2 亿元人民币，没有收取利息。2017 年年底，税务机关根据税法规定，要求其参考银行同期贷款利率确定合理的利率，由企业自查补报增值税和企业所得税。

根据《财政部 税务总局关于明确养老机构免征增值税等政策的通知》（财税〔2019〕20 号）的规定，自 2019 年 2 月 1 日至 2020 年 12 月 31 日，对企业集团内单位（含企业集团）之间的资金无偿借贷行为，免征增值税。

对于这项规定，企业可以加以利用，避免多缴税款。

4. 企业与企业之间、企业与个人之间的资金划转视同提供金融服务

前面已经介绍，对于企业与企业之间、企业与个人之间的无偿借款，税务机关可以参考同期同类贷款利率核定利率。除了前面提到的财税〔2019〕20号文件规定的“自2019年2月1日至2020年12月31日，对企业集团内单位（含企业集团）之间的资金无偿借贷行为，免征增值税”外，单位或者个体工商户向其他单位或者个人无偿提供服务的视同提供金融服务，都要征收增值税和企业所得税。

对于上述规定应当有正确的理解：

（1）公司之间无偿贷款（或一方无偿划转资金给另一方使用）要核定征收增值税，这就要求在月底和年底时，把公司之间的往来款项全部抵销掉，外部第三方不能抵销的除外。

（2）公司贷款给个人也要核定征收增值税。公司贷给个人款项，是指公司将实收资本金（或其他渠道取得的资金）贷给个人，如果本来是公司向股东借款的，则属于归还股东借款。

（3）如果个人向公司借款，要注意在年底前归还，否则还会涉及个人所得税的问题。

（4）个人无偿贷款给单位或其他个人不征收增值税，如果约定收取利息，则要缴纳增值税。

5. 视同提供金融服务如何确定销售额

纳税人发生《营业税改征增值税试点实施办法》第十四条所列行

为而无销售额的，主管税务机关有权按照下列顺序确定销售额：

（1）按照纳税人最近时期销售同类服务、无形资产或者不动产的平均价格确定。

（2）按照其他纳税人最近时期销售同类服务、无形资产或者不动产的平均价格确定。

（3）按照组成计税价格确定。组成计税价格的公式为：

组成计税价格 = 成本 ×（1+ 成本利润率）

例如，非关联企业之间借款或划转资金没收利息，税务机关可按上述的顺序核定销售额。

王德荣点醒：关于企业之间的贷款是否合法的问题，从目前来看，只要不是非法集资或面向社会不特定主体贷款，即不做类似银行的贷款业务，只是由于公司的业务需要而发生的企业间借款行为，一般是合法的，但一定要符合税法关于利率合理性的规定。同时，关联方之间的借款不可免息。

5.5.2 统借统还的借款合同，如何避免重复征税

对于企业集团来说，可能只有其中一家或几家公司有向银行贷款的资格，而在企业集团取得资金后，会在企业集团内部调拨使用，这样就会出现关联企业之间借款要视同销售征收增值税和企业所得税的问题。为了解决这一问题，国家出台了统借统还的税收规定，根据这

些规定，集团内部企业之间的资金调拨不征收企业所得税和增值税。

1. 统借统还借款业务的主要方式

企业集团向金融机构借款或对外发行债券取得资金后，通常会采取以下三个步骤（见图 5-1）：

第一步，由集团所属财务公司与企业集团或者集团内下属单位签订统借统还贷款合同并分拨资金，同时向企业集团或者集团内下属单位收取本息。

第二步，将本息转付至企业集团。

第三步，由企业集团统一归还金融机构或债券购买方。

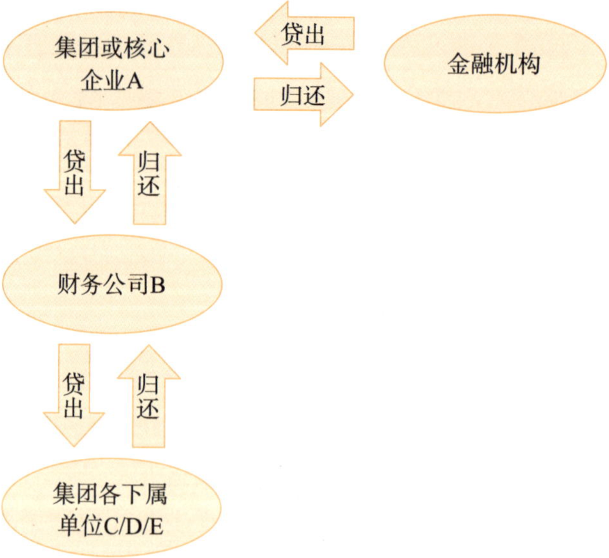

图 5-1　企业集团的统借统还

2. 税务处理

（1）统借统还业务中，企业集团或企业集团中的核心企业以及集团所属财务公司按不高于支付给金融机构的借款利率水平或者支付的债券票面利率水平，向企业集团或者集团内下属单位收取的利息免征增值税。

（2）统借方向资金使用单位收取的利息，高于支付给金融机构借款利率水平或者支付的债券票面利率水平的，应全额缴纳增值税。

（3）为什么要这样做？因为每收一次利息，都要缴一次增值税，支付的利息取得发票又不能抵扣，会造成重复征税。

3. 统借统还免征增值税的三个前提条件

（1）资金借贷双方属于同一企业集团。

（2）由统借方向金融机构借款（或发行债券统一取得资金）后将所借资金分拨给下属单位或与借款企业签订统借统还贷款合同并分拨所借入的资金。

（3）向借款企业收取利息的利率不高于支付给金融机构的利率（或债券票面利率）水平。

王德荣点醒：企业之间的借款要符合统借统还的要求，操作起来是比较严格的。在实践中经常有人问：如果资金不是从银行借来的，是否能按统借统还操作？答案是不行，因为该规定首先要求资金是向金融机构贷款来的，如果来源都不符合规定，就不用考虑下一步的操作了。

5.5.3 国内企业集团现金池分析

国内企业集团为了方便资金的集中使用和统一调度，会在集团内核心企业设立资金池银行账户，在每天下午 4 点左右，集团内各公司的资金都会统一存到该账户，第二天再根据各公司的需要统一划拨使用。这样就会涉及关联企业之间资金相互借贷收取利息以及确定利率等问题。如何解决上述问题呢？请看下面的案例。

案例 5–8

资金池的收益

基本情况

如表 5–4 所示，2015 年度，A 投资公司的资金池仅盈利 36 万元（包括沉淀资金的理财收益），证明该资金池的利率定价是合理的，没有利用资金池在集团与各工厂之间转移利润。

表 5–4

资金池	2015 年度金额（元）
利息收入（含沉淀资金理财收益）	649 391 871
利息支出	649 031 674
利润	360 197

案例分析

1. 功能和风险分析。

上海投资公司建立了资金池，上海投资公司、集团各工厂及银行通过委贷的方式对资金池中资金进行调拨和使用，此时，各工厂及上海投资公司均分别执行了借方和贷方的功能，并承担了借方和贷方的风险，银行仅执行支付中介的功能，因此可以与同期同类贷款利率作比对，但又与银行借款有不同之处：由于是关联方之间的借贷，风险较低，无抵押或担保，因此上海投资公司的成本和收益均稍低于银行。

2. 价格分析。

借款利率低于银行同期同类贷款利率。

3. 利润分析。

没有得出转移利润的结论。历年现金池的利润情况基本都是持平，现金池业务未获得超额利润，因此各工厂没有将利润转移到上海的投资公司。

王德荣点醒：集团资金池的利率如何确定十分重要，最关键的是集团资金池的利润不能留得太多。如果各地税务机关看到资金池的利润很大，必然会质疑其利率的合理性，所以将资金池的利润设置在微利水平是比较好的做法。

5.5.4 购买理财产品的合同如何考虑增值税问题

关于购买理财产品是否征增值税的问题，涉及的税法文件比较多，总结为表 5-5（详见下面的相关税收政策介绍）。由表中可知，在合约中有约定保本的理财产品，即与贷款有类似的权利和义务，被归入贷款服务，要缴纳增值税。在合同中约定非保本的金融商品或理财产品，则不认定为贷款服务，不需要缴纳增值税。为此合同约定保本与非保本是划分贷款与非贷款的一条界线。

表 5–5

资管产品类型	增值税处理	备　注
合同中明确承诺到期本金可全部收回的资管产品	按贷款服务纳税	只要是合同约定到期本金可以全部收回，不管最后是否能够收回，都按贷款服务纳税
如果合同中约定的是非保本的资管产品	1. 持有至到期的，持有期间（含到期）收益不属于利息或利息性质的收入，不征收增值税（包括申购和赎回取得的收益） 2. 非持有至到期，中途转让给第三方的，属于金融商品转让，对差额征增值税	只要合同约定是非保本的，不管到期本金是否能够收回，取得的收益都不征收增值税。中途转让，是指购买理财产品的公司将权益转让给第三方，就像股权转让一样，不是本公司申购后再赎回理财产品（赎回类似于股东减资，减资与股权转让还是有区别的）

相关税收政策如下：

（1）《财政部 国家税务总局关于明确金融 房地产开发 教育辅助服务等增值税政策的通知》（财税〔2016〕140 号）规定：

一、《销售服务、无形资产、不动产注释》（财税〔2016〕36 号）第一条第（五）项第 1 点所称“保本收益、报酬、资金占用费、补偿金”，是指合同中明确承诺到期本金可全部收回的投资收益。金融商品持有期间（含到期）取得的非保本的上述收益，不属于利息或利息性质的收入，不征收增值税。

二、纳税人购入基金、信托、理财产品等各类资产管理产品持有至到期，不属于《销售服务、无形资产、不动产注释》第一条第（五）项第4点所称的金融商品转让。

四、资管产品运营过程中发生的增值税应税行为，以资管产品管理人为增值税纳税人。

（2）《财政部 国家税务总局关于资管产品增值税政策有关问题的补充通知》（财税〔2017〕2号）规定：

2017年7月1日（含）以后，资管产品运营过程中发生的增值税应税行为，以资管产品管理人为增值税纳税人，按照现行规定缴纳增值税。

对资管产品在2017年7月1日前运营过程中发生的增值税应税行为，未缴纳增值税的，不再缴纳；已缴纳增值税的，已纳税额从资管产品管理人以后月份的增值税应纳税额中抵减。

（3）《财政部 税务总局关于资管产品增值税有关问题的通知》（财税〔2017〕56号）规定：

一、资管产品管理人（以下称管理人）运营资管产品过程中发生的增值税应税行为（以下称资管产品运营业务），暂适用简易计税方法，按照3%的征收率缴纳增值税。

资管产品管理人，包括银行、信托公司、公募基金管理公司及其子公司、证券公司及其子公司、期货公司及其子公司、私募基金管理人、保险资产管理公司、专业保险资产管理机构、养老保险公司。

资管产品，包括银行理财产品、资金信托（包括集合资金信托、单一资金信托）、财产权信托、公开募集证券投资基金、特定客户资产管理计划、集合资产管理计划、定向资产管理计划、私募投资基金、债权投资计划、股权投资计划、股债结合型投资计划、资产支持计划、组合类保险资产管理产品、养老保障管理产品。

财政部和税务总局规定的其他资管产品管理人及资管产品。

二、管理人接受投资者委托或信托对受托资产提供的管理服务以及管理人发生的除该通知第一条规定的其他增值税应税行为（以下称其他业务），按照现行规定缴纳增值税。

三、管理人应分别核算资管产品运营业务和其他业务的销售额和增值税应纳税额。未分别核算的，资管产品运营业务不得适用该通知第一条规定。

四、管理人可选择分别或汇总核算资管产品运营业务销售额和增值税应纳税额。

五、管理人应按照规定的纳税期限，汇总申报缴纳资管产品运营业务和其他业务增值税。

六、本通知自2018年1月1日起施行。

对资管产品在2018年1月1日前运营过程中发生的增值税应税行为，未缴纳增值税的，不再缴纳；已缴纳增值税的，已纳税额从资管产品管理人以后月份的增值税应纳税额中抵减。

（4）《财政部 税务总局关于租入固定资产进项税额抵扣等增值税政策的通知》（财税〔2017〕90号）规定：

五、根据《财政部 税务总局关于资管产品增值税有关问题的通知》（财税〔2017〕56号）有关规定，自2018年1月1日起，资管产品管理人运营资管产品提供的贷款服务、发生的部分金融商品转让业务，按照以下规定确定销售额：

（一）提供贷款服务，以2018年1月1日起产生的利息及利息性质的收入为销售额；

（二）转让2017年12月31日前取得的股票（不包括限售股）、债券、基金、非货物期货，可以选择按照实际买入价计算销售额，或者以2017年最后一个交易日的股票收盘价（2017

年最后一个交易日处于停牌期间的股票，为停牌前最后一个交易日收盘价）、债券估值（中债金融估值中心有限公司或中证指数有限公司提供的债券估值）、基金份额净值、非货物期货结算价格作为买入价计算销售额。

王德荣点醒：企业购买的理财产品，只要合同约定不是保本的，就不征收增值税；如果约定保本的，则要视同贷款，对取得的收益征收增值税，但对本金是不征税的。企业存款与理财产品的区别就是看企业是否有存单，钱是否在企业的存款账户。如果企业的结构性存款是有存单的，那么按税法规定，存款利息免征增值税。

5.6 企业关联交易合同的涉税谋略

对于国内关联企业之间的业务往来，税法规定原则上不作检查调整补税，但是，这并不是说税务机关不能作检查调整，检查调整的决定权在主管税务机关而不是企业自身。因此，关联企业之间的各类业务往来、资产共用或使用都应参照非关联企业之间的交易进行，即应合理确定交易价格，不能免费使用，否则除特殊情况外税务机关都有权调整。

为什么关联交易会被税务检查？因为关联企业之间的交易是受实际控制人控制的，可以按实际控制人的要求决定是否收费、如何定价，属于受控价格。通过操纵关联交易价格，实际控制人可调整企业之间的利润，其一般做法是：高税企业向其低税关联企业销售货物、提供劳务、转让无形资产时制定低价；低税企业向其高税关联企业销售货物、提供劳务、转让无形资产时制定高价。这样，利润就从高税企业转移到低税企业，从而达到最大限度减轻其税负的目的。而非关联方之间交易的价格一般按市场价格确定，受供需关系等因素影响，因此比较公允，是税务机关认可的。

关联企业之间的交易多种多样，可以是关联购销，可以是通过关联购销平台交易，也可以是提供关联服务。

5.6.1 如何合理确定关联交易价格

关联交易可成为企业转移利润的方式之一。例如，高税负企业（25% 税率）销售给非关联企业产品时定价 1 500 元 / 吨，而销售给低税负关联企业（处于免税期，企业所得税为零）时定价 1 000 元 / 吨，由此 500 元的利润就从高税负企业转到了低税企业，而低税企业处于免税期，集团公司就少缴了该部分利润的企业所得税。因此，税务人员在稽查时，较关注关联方之间购（销）价格比非关联方购（销）价格明显偏高（低）且无正当理由的交易行为。

案例 5-9

关联交易疑点排查

关联销售 1

税务人员通过小包装产品的价格比对，认为某企业存在转移利润的嫌疑。因为销售给非关联企业的价格高，而销售给关联企业的价格低，两者比较差异太大（见表 5-6）。

表 5–6

金额单位：元

序号	品种	交易类型	数量（件）	金额	成本	毛利	单位价格	单位成本	单位毛利	差异
①	菜籽油 5L*4	关联	3 448	29 374 535	30 420 724	–1 046 189	8 520	8 824	–303	
	菜籽油 5L*4	非关联	1 430	15 046 135	12 897 711	2 148 425	10 525	9 022	1 503	分析：同地区企业相比，关联价格明显低于非关联价格，差异在 600 ~ 2 005 元之间
②	调和油 1.8L*6	关联	395	4 073 719	3 955 543	118 176	10 316	10 017	299	
	调和油 1.8L*6	非关联	305	3 318 644	3 058 035	260 608	10 890	10 035	855	分析：同地区企业相比，关联价格明显低于非关联价格，差异达 574 元

从表 5-6 中可以看出，销售给非关联企业的价格为 10 525 元/吨，而销售给关联企业的价格为 8 520 元/吨，两者价格差异在 2 000 元左右，这引起了税务机关的高度质疑。最后，该企业被税务机关立案调查。

关联销售 2

税务人员通过大宗商品价格比对，认为企业存在转移利润的嫌疑。

某公司 2004 年 3 月份销售 887 吨商品给关联公司，不含税单价为 2 420 元/吨，当月平均销售价格为 2 790 元/吨，两者差额为 370 元/吨。检查人员认为，销售给关联公司的商品价格明显偏低，存在转移利润的嫌疑。因此，该公司被税务机关立案调整。

关联采购

某省税务机关在调查某氨基酸生产企业时，采用价格比对方法排除了通过“原材料高进”转移利润的疑点。从表 5-7 可以看出，关联方与非关联方的采购价格很接近，不存在通过提高采购价格转移利润的嫌疑。

表 5-7

产品	原材料购进产地	关联类型	数量（吨）	单价（元/吨）	金额（元）
葡萄糖	某药业有限公司	关联企业	50	1 550	77 500
	某制药厂	非关联企业	20	1 510	30 200
	某抗淀粉有限公司	非关联企业	15	1 560	23 400

关联企业之间如何确定关联交易的价格才是合理的，方法有哪些？我们的建议是：通过比较非关联企业与关联企业之间的采购价格来确定是否合理。如果关联销售价格与非关联销售价格相近，则可以认定关联销售价格合理；如果差异较大，则可能不合理。

价格比对的原则和方法如下：

（1）“有内不求外，有近不求远”原则。

“有内不求外”是指公司除关联方购销业务外，同时有第三方（非关联方）购销业务的，首选内部购销及第三方价格作为比对的价格信息。

案例 5-10

“有内不求外”的价格比对

表 5-8 是 A 工厂向关联方和第三方采购的棉籽油价格比对信息，从 1.35% 的差异率来分析，属于合理的范围（一般差异率在 5% 以内，可以认为是合理的）。

表 5-8

单位：元

关联方		
品种及日期		2010/4/30
三级棉籽油	订单号	8250003525
	总金额	634 017
	数量	86
	单价（含税　含运费）	
	运费	
	单价（含税　不含运费）	7 400

第三方		
品种及日期		2010/4/29
三级棉籽油	订单号	8250003497
	客户名称	成都金牛区顺达粮油经营部
	总金额	112 500
	数量	15
	单价（含税　含运费）	
	运费	
	单价（含税　不含运费）	7 500
市场行情价	单价（含税）	
差异金额（含税）		8 568
差异单价（含税）		100
差异率		1.35%

说明：表中与价格比较无关的数据未列示。

“有近不求远”是指首先以工厂所在省为基本点。以四川广汉工厂为例，网上行情中能直接找到四川省的，且有价格相符的一个报价或价格波动区间，可直接填列市场行情价。

案例 5–11

“有近不求远”的价格比对

2009 年 8 月 31 日网上查四川地区四级菜油价格行情为 8 000 ~ 8 200 元 / 吨（见图 5–2）。

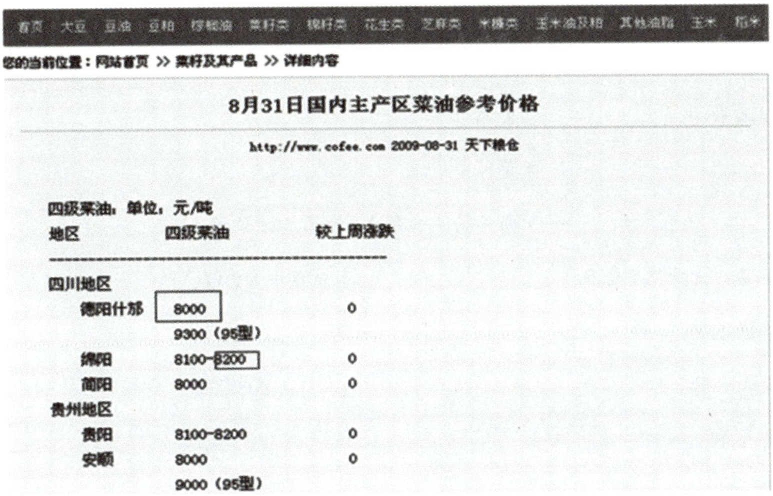
首页 大豆 豆油 豆粕 棕榈油 菜籽类 棉籽类 花生类 芝麻类 米糠类 玉米油及粕 其他油脂 玉米 稻米

您的当前位置：网站首页 >> 菜籽及其产品 >> 详细内容

8月31日国内主产区菜油参考价格

http://www.cofee.com 2009-08-31 天下粮仓

四级菜油：单位：元/吨

地区	四级菜油	较上周涨跌
四川地区		
德阳什邡	8000	0
	9300（95型）	
绵阳	8100-8200	0
简阳	8000	0
贵州地区		
贵阳	8100-8200	0
安顺	8000	0
	9000（95型）	

图 5-2

（资料来源：天下粮仓.8 月 31 日国内主产区菜油参考价格［EB/OL］.（2009-08-31）［2012-12-20］.http：//www.cofee.com.）

2009 年 9 月 1 日四川 A 市 B 工厂向关联方销售的价格为 8 108 元/吨，与距离 A 市较近的四川绵阳市的网上行情比较，差异率为 1.33%，在 5% 的幅度范围内，税务机关认为关联方的销售价格为公允价格。详见表 5-9。

表 5-9

金额单位：元

关联方			
品种及月份	9 月	年累计	
四级菜油	总金额	6 000 002	6 000 002
	数量	740	740
	单价（含税）	8 108	8 108

第三方			
品种及月份	9月	年累计	
四级菜油	总金额		
	数量		
	合同单价（含税）	无第三方价格	
市场行情价格（含税）		8 000 ～ 8 200	
单价差异		108	
差异金额		80 002	
差异率		1.33%	

（2）“低进而高出，偏差有幅度”原则。

关联购进（销售）价格等于非关联方价格或公开市场价格属于符合独立交易原则的价格。在进行价格比较时，如果发现关联购进（销售）价格低于（高于）非关联方价格或公开市场价格的情况，就要考虑偏差的幅度有多少，是否属于正常的价格波动范围（在5%以内属于合理的，超过5%要根据是什么产品及市场的高低波动的范围等来定），或受到其他合理的特殊因素影响（需经特殊分析确定）。

王德荣点醒：要判断关联购销之间的价格是否合理，企业可以先建立价格比对表格，将市场价格与关联企业之间的交易价格进行比对，看两者的差异是否超过市场价格正常的波动幅度，如果超过了，则存在被税务机关质疑和调查的可能。

5.6.2 作为集团统一的销售平台，如何与关联供应商签订合同

大的企业集团或关联企业，会专门设置一家专门负责对外销售的营销平台公司，集团内各生产企业的产品先销售给这家专门的关联营销平台公司，再由这家公司销售给非关联的客户。这样做可以节约营销成本，统一制定销售策略应对市场的变化，但存在关联交易定价是否合理以及关联企业之间转移利润的问题。如何确定合理的价格？一是要进行动因分析，即供应商有合理的商业目的；二是要进行功能和风险分析；三是要进行利润分析，即生产企业销售给营销平台后，营销平台再销售给客户时能留下合理的利润。下面通过案例加以详细说明。

案例 5-12

工厂与关联的营销公司间的疑点分析

基本情况

2014 年税务机关对东北某工厂进行税务稽查，认为该工厂向其集团设在广州的销售公司转移利润，拟对其调增利润征税。该工厂地处东北，产品需通过广州的销售公司销往全国各地，部分利润会留在该销售公司。如何判断工厂有没有转移利润？

案例分析

（1）动因分析

一是该集团的销售公司给工厂带来的益处。该集团的销售公

司有庞大的销售网络，能将东北工厂的产品直接销往全国经销商和大卖场等。销售公司有专业团队维护销售网络，保证销售渠道畅通，使本集团的产品保持一定的市场占有率。销售公司有专业团队负责市场调查和研究、促销管理、促销方案制定等，能最大限度地提高本集团产品的市场竞争力并扩大市场份额。销售公司作为关联方，不存在坏账风险，并能保证销售资金及时回笼。

二是该东北工厂的税率低于或等于营销公司税率。东北工厂商品的生产、销售属于农产品初加工项目，免征企业所得税。集团销售公司在2012—2014年适用的所得税税率均为25%，自2010年成立以来没有享受过所得税优惠，东北工厂整体税负均远低于营销公司的税负。因此，不存在向营销公司转移利润的动机。

（2）功能和风险分析

功能就是业务，风险就是可能的损失。

①工厂具有商品的生产和销售功能，承担相关的存货风险和市场风险。

②销售公司承担分销过程中的功能和风险，其分销功能介于“有限分销”和“代理销售”之间（其支付相应的营销费用，不具备研发、生产功能）。

根据《特别纳税调查调整及相互协商程序管理办法》（国家税务总局公告2017年第6号发布）第二十八条的规定，承担分销等功能和相应风险的企业，应保持合理的利润水平。为此，集团销售平台需留下部分利润（扣点）以弥补其营销售费用，另外还需要加上合理的利润。

根据该功能和风险的定位，一般情况下，集团销售平台公司不能出现亏损，否则销售公司在应对税务稽查时就难以解释其定价的合理性。

但销售公司的利润也不能过高，否则各工厂所在地的税务机关会质疑其利润的合理性，因此销售公司应以不亏损为前提，可以有微利。

（3）利润分析

通过功能风险的分析，可以确认销售公司为有限功能，一般不出现亏损，可通过列举销售公司营业利润情况，证明其利润的合理性（见表 5-10）。

表 5-10

行　次	项　目	金额（元）
1	营业收入	20 203 443 173.00
2	营业成本	19 396 136 914.87
3	主营业务税金及附加	8 296 991.22
4	营业毛利	799 009 266.91
5	减：营业费用	730 075 606.31
6	管理费用	77 900 551.17
7	财务费用	3 448 282.63
8	投资收益	14 566 902.37
9	营业利润	2 151 729.16
10	营业利润率	0.011%

上表中的营业利润率表明，营销平台留下的利润很少，只有0.011%，从利润结果分析来看，该企业不存在转移利润的嫌疑。

在销售公司取得合理利润的前提下，即可反证工厂销售价格的合理性，即：

结算价 = 销售公司基准经销价 − 扣减项目 − 合理利润

如有特价费用，一般情况下由工厂承担。

王德荣点醒：集团营销平台是税务机关重点关注的对象。由于营销平台只负责产品销售，因此不能留过多的利润，如果留的利润过大，会引起税务机关的检查及调整补税。这种调整补税的情况在全国各地税务机关的关联交易检查中时有发生。

5.6.3 关联企业之间相互提供服务并签订服务合同的要点

我们在日常的税务咨询服务中，经常遇到企业咨询关联企业之间提供服务是否可以收取服务费用以及如何定价的问题。

关联企业之间可以相互提供服务，并签订服务合同，在此过程中要注意以下关键要点。

1. 定价原则和协议

应以公平交易原则确定服务的价格。对于母公司为子公司提供各种服务而发生的费用，母公司要进行归集，一般以成本加成的方式确定服务价格。

双方应签订服务合同或协议，明确规定提供服务的内容、收费标准及金额等，凡按上述合同或协议规定所发生的服务费，提供方公司应作为营业收入申报纳税并开具发票；接受方公司取得发票作为成本费用在税前扣除。

2. 母子公司的关注要点

根据《国家税务总局关于母子公司间提供服务支付费用有关企业所得税处理问题的通知》（国税发〔2008〕86 号）的规定，母公司以管理费形式向子公司提取费用，子公司因此支付给母公司的管理费，不得在税前扣除。发票更不能出现“管理费”字样。

子公司申报税前扣除向母公司支付的服务费用，应向主管税务机关提供与母公司签订的服务合同或者协议等与税前扣除该项费用相关的材料。不能提供相关材料的，支付的服务费用不得税前扣除。

另外要注意的是，由子公司从供应商处采购的货物，如果款项由母公司代为支付，根据《国家税务总局关于加强增值税征收管理若干问题的通知》（国税发〔1995〕192 号）规定，存在进项税不能抵扣的风险，因为资金流与票据流不一致。该文件还规定：

> （三）纳税人购进货物或应税劳务，支付运输费用，所支付款项的单位，必须与开具抵扣凭证的销货单位、提供劳务的单位一致，才能够申报抵扣进项税额，否则不予抵扣。

注：根据《国家税务总局关于诺基亚公司实行统一结算方式增值税进项税额抵扣问题的批复》(国税函〔2006〕1211号)文件规定，对诺基亚各分公司购买货物从供应商取得的增值税专用发票，由总公司统一支付货款，造成购进货物的实际付款单位与发票上注明的购货单位名称不一致的，不属于《国家税务总局关于加强增值税征收管理若干问题的通知》(国税发〔1995〕192号)第一条第(三)款有关规定的情形，允许其抵扣增值税进项税额。

王德荣点醒：关联企业之间提供的服务一定要强调真实性，如果没有提供服务而开具发票，则会存在虚开发票的问题。关联企业之间在真实提供服务的基础上，可以将提供服务时发生的人工成本及其他成本作为定价的基础，再加上5%～10%的利润确定服务价格，这样的服务及定价一般情况下税务机关是可以接受的。

5.6.4 如何处理企业群内关联资产共用

在与关联企业的业务往来中，企业往往会忽略共用资产的问题，即关联企业相互使用对方的房产或土地(如共用食堂等)。这样的情况究竟是可以免费使用，还是要确定价格相互收费呢？按税法的规定，除特殊情况外，对资产共用情况应合理确定价格，相互收费并依法纳税，或者不收取费用，但按税法规定确定使用费并依法纳税。那么，如何确定关联企业之间共用资产的价格？下面分三种情形介绍共用土地、房产及其他资产的定价方法。

1. 关联企业之间共用土地

（1）表现形式及特点。

①关联企业在另一关联方（本公司）所属的土地上建油罐、车间、地磅、筒仓等。

②资产建成后，关联企业长期使用该土地。

③使用面积较大，未收取合理费用（个别企业有收取费用）。

（2）拟考虑的收费方式。

第一种，按年折旧数据计算收费：土地年折旧 ×（占用土地面积 / 土地总面积）。

第二种，按当地土地租赁价来收费。

2. 关联企业之间共用房产

（1）表现形式及特点。

①由于关联企业在一起办公，共用办公楼的情况普遍存在。

②长期使用。

③占用一定的面积并使用水电等配套服务，大部分企业未缴纳合理费用。

（2）拟考虑的收费方式。

第一种，按年折旧等计算：（办公楼年折旧 + 年水电费）× 关联企业所属办公人员 / 在办公楼办公的总人数。

第二种，按当地办公楼租赁标准来收费。

第三种，如果当地税务机关认可免费使用，可签订免费使用协议。

3. 关联企业之间共用其他资产

（1）表现形式及特点。

①关联企业之间共用的其他资产类型较多，如值班室、门卫室、备品备件库、道路、绿化、仓库、车辆、铁路专用线站台等。

②关联企业长期使用。

③部分资产未收取合理费用。

（2）拟考虑的收费方式：区别对待。

①对风险不大的值班室、门卫室、备品备件库、道路、绿化等可以考虑暂不收费。

②对仓库，可以按仓储方式收费。

③对上下班通勤车，可以将折旧费、油费等按人数分摊。

④铁路站台可按货运量收取合理费用。

王德荣点醒：一般情况下，如果关联企业之间共用资产面积不大，税务机关检查的可能性较少；如果关联企业之间相互占用的面积较大，如占用对方一幢楼，一片几亩的土地等，税务机关就可能对这些共用资产使用的情况做检查和调整补税。

5.6.5 关联交易合同难点分析

关于关联交易合同分析，我们总结的方法和思路如下：

以独立交易为原则作为分析的主线，独立交易原则从民法上通俗地理解就是诚实信用和等价有偿，关联企业之间不可能销售了货物或提供了服务不按等价有偿原则支付合理的价款。如果不支付合理的价款就不符合独立交易原则。

在以独立交易原则为主线分析的基础上，再对关联交易进行动因分析、功能和风险分析、价格分析、利润分析等，从而确定关联交易是否合理。大家还可以参考图 5-3 中的内容进行学习和参考。

为什么要关注企业的关联交易合同？因为如果不关注关联交易合同，企业的风险会很大。我们从以下两方面来看：

（1）国内企业之间。

税务稽查的结果通常是：一方被调增补缴增值税和所得税。可能会被税务机关加收滞纳金和罚款，或加收利息。

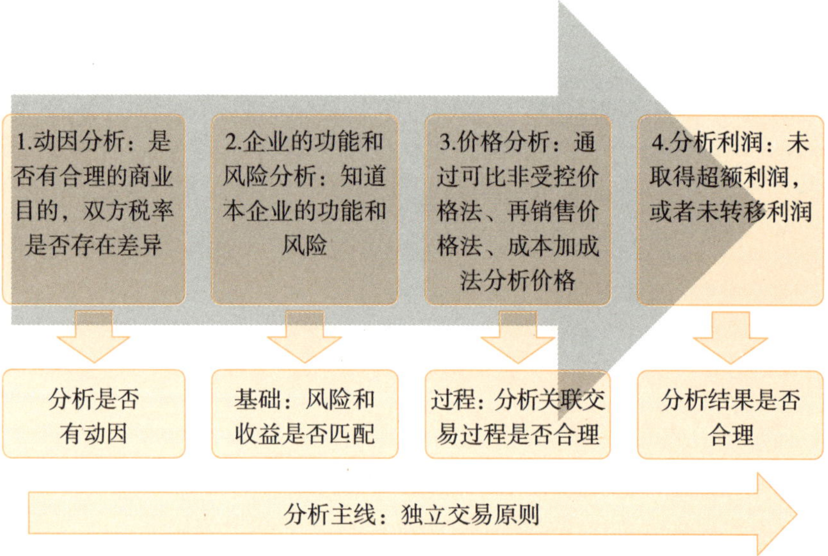

图 5-3　关联交易合同分析图

由于没有开具发票给另一方，另一方没有取得发票，因此不能抵扣增值税，也不能在所得税前列支成本，形成双重征税。

（2）跨国企业之间。

在中国被征税后，如果另一方所在国不退税的话，会形成双重征税。被税务机关特别纳税调整而补缴税款也会同时加收利息，作为对企业占用国家税款的补偿。

5.6.6　税务机关对关联交易的管理

税务机关对关联交易的事前管理、事中管理和事后管理，分别制定了相应的文件，从而让关联交易有法可依。详见图 5-4。

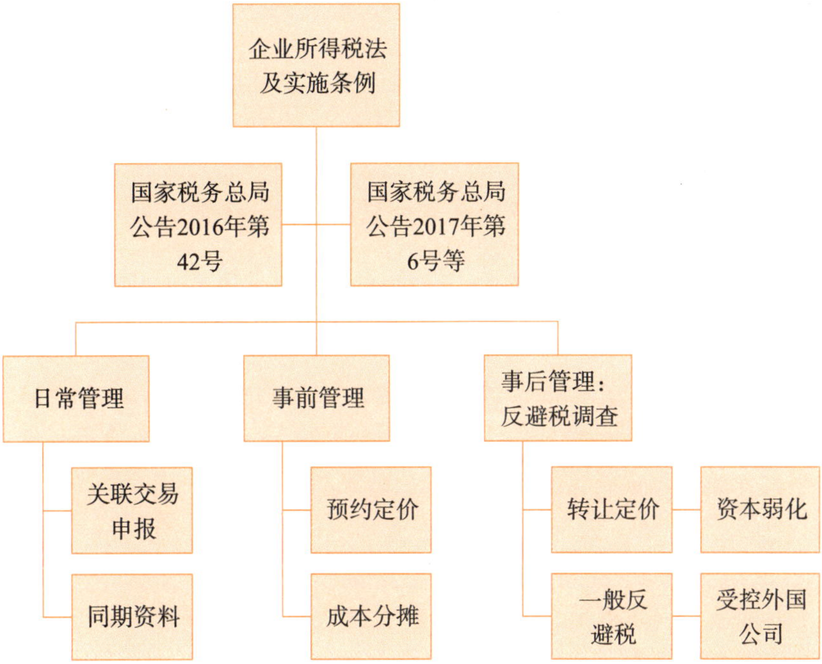

图 5-4　税务机关对关联交易的管理

附：相关法律依据

1. 涉及关联交易的规定

中华人民共和国税收征收管理法

第三十六条　企业或者外国企业在中国境内设立的从事生产、经营的机构、场所与其关联企业之间的业务往来，应当按照独立企业之间的业务往来收取或者支付价款、费用；不按照独立企业之间的业务往来收取或者支付价款、费用，而减少其应纳税的收入或者所得额的，税务机关有权进行合理调整。

中华人民共和国税收征收管理法实施细则

第五十二条 税收征管法第三十六条所称独立企业之间的业务往来，是指没有关联关系的企业之间按照公平成交价格和营业常规所进行的业务往来。

第五十三条 纳税人可以向主管税务机关提出与其关联企业之间业务往来的定价原则和计算方法，主管税务机关审核、批准后，与纳税人预先约定有关定价事项，监督纳税人执行。

第五十四条 纳税人与其关联企业之间的业务往来有下列情形之一的，税务机关可以调整其应纳税额：

（一）购销业务未按照独立企业之间的业务往来作价；

（二）融通资金所支付或者收取的利息超过或者低于没有关联关系的企业之间所能同意的数额，或者利率超过或者低于同类业务的正常利率；

（三）提供劳务，未按照独立企业之间业务往来收取或者支付劳务费用；

（四）转让财产、提供财产使用权等业务往来，未按照独立企业之间业务往来作价或者收取、支付费用；

（五）未按照独立企业之间业务往来作价的其他情形。

第五十五条 纳税人有本细则第五十四条所列情形之一的，税务机关可以按照下列方法调整计税收入额或者所得额：

（一）按照独立企业之间进行的相同或者类似业务活动的价格；

（二）按照再销售给无关联关系的第三者的价格所应取得的收入和利润水平

（三）按照成本加合理的费用和利润；

（四）按照其他合理的方法。

第五十六条 纳税人与其关联企业未按照独立企业之间的业

务往来支付价款、费用的，税务机关自该业务往来发生的纳税年度起3年内进行调整；有特殊情况的，可以自该业务往来发生的纳税年度起10年内进行调整。

2. 增值税相关税收政策

中华人民共和国增值税暂行条例

第七条　纳税人销售货物或者应税劳务的价格明显偏低并无正当理由的，由主管税务机关核定其销售额。

中华人民共和国增值税暂行条例实施细则

第十六条　纳税人有条例第七条所称价格明显偏低并无正当理由或者有本细则第四条所列视同销售货物行为而无销售额者，按下列顺序确定销售额：

（一）按纳税人最近时期同类货物的平均销售价格确定；

（二）按其他纳税人最近时期同类货物的平均销售价格确定；

（三）按组成计税价格确定。组成计税价格的公式为：

组成计税价格＝成本×（1+成本利润率）

属于应征消费税的货物，其组成计税价格中应加计消费税额。

公式中的成本是指：销售自产货物的为实际生产成本，销售外购货物的为实际采购成本。公式中的成本利润率由国家税务总局确定。

增值税若干具体问题的规定
（国税发〔1993〕154号）

二、计税依据

（四）纳税人因销售价格明显偏低或无销售价格等原因，按规定需组成计税价格确定销售额的，其组价公式中的成本利润率为10%。

3. 营改增相关文件规定

财政部 国家税务总局关于全面推开营业税改征增值税试点的通知

财税〔2016〕36号

第十四条 下列情形视同销售服务、无形资产或者不动产：

（一）单位或者个体工商户向其他单位或者个人无偿提供服务，但用于公益事业或者以社会公众为对象的除外。

（二）单位或者个人向其他单位或者个人无偿转让无形资产或者不动产，但用于公益事业或者以社会公众为对象的除外。

第四十四条 纳税人发生应税行为价格明显偏低或者偏高且不具有合理商业目的的，或者发生本办法第十四条所列行为而无销售额的，主管税务机关有权按照下列顺序确定销售额：

（一）按照纳税人最近时期销售同类服务、无形资产或者不动产的平均价格确定。

（二）按照其他纳税人最近时期销售同类服务、无形资产或者不动产的平均价格确定。

（三）按照组成计税价格确定。组成计税价格的公式为：

组成计税价格＝成本×（1+成本利润率）

4. 对关联交易有调整的文件规定

特别纳税调查调整及相互协商程序管理办法

（国家税务总局公告2017年第6号发布）

第三十八条 实际税负相同的境内关联方之间的交易，只要该交易没有直接或者间接导致国家总体税收收入的减少，原则上不作特别纳税调整。

CHAPTER 6

发票管理的财税谋略

6.1 发票的风险与防范

1. 交易必须取得发票，否则会有税收损失

前面我们提到过，如果不取得发票，交易的成本费用不能在企业所得税前列支，这样会多缴 25% 的企业所得税。同时因没有取得增值税专用发票而不能抵扣增值税进项税额，会造成多缴增值税。

为什么交易一定要取得发票，没有发票就一定不能在企业所得税前列支吗？

案例 6-1

海南鑫海建材诉海南稽查局案

海南省高级人民法院行政判决书（2013）琼行提字第 3 号载

明（与扣除凭证无关判决内容省略，下同），申请再审人（一审被告、二审被上诉人）海南省国税局第三稽查局在检查该公司账簿凭证时发现，该公司购进的原材料及发生的费用为33 573 788.15元，未取得发票，并在申报2009年度企业所得税税前扣除，应调增应纳税所得额。被申请人（一审原告、二审上诉人）海南鑫海建材有限公司则认为，公司的生产成本费用是客观存在的，应当在应纳税所得额中予以扣减。

一审法院认为，海南省国税局第三稽查局认定鑫海公司购买货物未按规定取得发票，不得税前扣除是正确的，对其未取得发票部分不允许税前扣除的处理是适当的，故驳回鑫海公司的诉讼请求。

二审法院认为，未取得发票的支出不得税前扣除的主张于法无据，为此调增应纳税所得额的处理决定不当，故判决撤销该项税务处理决定。

海南省高级人民法院认为，从现行税收法律法规来看，发票并不是唯一合法有效的凭证，款项支付对象不同，对合法有效凭证的要求也不一样。用于购买原材料，支付的对象是我国境内的单位或个人，且上述单位或个人生产销售的原材料是属于增值税征税范围的，应当以发票作为唯一合法有效的凭证。本案再审，维持一审判决。

（资料来源：海南省国家税务局第三稽查局与海南鑫海建材有限公司税务行政处理、行政处罚纠纷再审行政判决书［EB/OL］.（2016-09-26）［2019-03-04］. 拼就是赢 . http://blog.sina.com.cn/s/blog_15abfd18c0102woes.html.）

从以上2013年的判例可以看出，购买原材料，支付的对象是我国境内的单位或个人，且上述单位或个人生产销售的原材料是属于增值税征税范围的，应当以发票作为唯一合法有效的凭证，没有发票，则不能作为成本在企业所得税前列支。

上述判例出现后，在海南已成论，但在全国却有不同的判例。

为了统一全国的税收执法口径，国家税务总局在2018年出台了《企业所得税税前扣除凭证管理办法》(国家税务总局公告2018年第28号发布，以下简称《办法》)。

《办法》第九条规定：

> 企业在境内发生的支出项目属于增值税应税项目(以下简称“应税项目”)的，对方为已办理税务登记的增值税纳税人，其支出以发票(包括按照规定由税务机关代开的发票)作为税前扣除凭证；对方为依法无需办理税务登记的单位或者从事小额零星经营业务的个人，其支出以税务机关代开的发票或者收款凭证及内部凭证作为税前扣除凭证，收款凭证应载明收款单位名称、个人姓名及身份证号、支出项目、收款金额等相关信息。
>
> 小额零星经营业务的判断标准是个人从事应税项目经营业务的销售额不超过增值税相关政策规定的起征点。
>
> 税务总局对应税项目开具发票另有规定的，以规定的发票或者票据作为税前扣除凭证。

2. 未取得发票的补救方法

在实际交易中，如果应开具发票的企业还在正常运营，但采购货物一方因为特殊的原因未能取得发票，那么在未取得发票的情况下，会因没有发票而不能在企业所得税前列支成本。

如果企业因为一些特殊原因不能取得发票，如应开具发票的企业被注销、撤销、依法被吊销营业执照、被税务机关认定为非正常户等，可以按《企业所得税税前扣除凭证管理办法》第十四条的规定处理。具体规定如下：

企业在补开、换开发票、其他外部凭证过程中，因对方注销、撤销、依法被吊销营业执照、被税务机关认定为非正常户等特殊原因无法补开、换开发票、其他外部凭证的，可凭以下资料证实支出真实性后，其支出允许税前扣除：

（一）无法补开、换开发票、其他外部凭证原因的证明资料（包括工商注销、机构撤销、列入非正常经营户、破产公告等证明资料）；

（二）相关业务活动的合同或者协议；

（三）采用非现金方式支付的付款凭证；

（四）货物运输的证明资料；

（五）货物入库、出库内部凭证；

（六）企业会计核算记录以及其他资料。

前款第一项至第三项为必备资料。

如果企业不属于因为《办法》第十四条列举的特殊原因而不能取得发票的情形，那么根据《办法》第十六条的规定，不能在企业所得税前列支成本或费用。具体规定如下：

企业在规定的期限未能补开、换开符合规定的发票、其他外部凭证，并且未能按照本办法第十四条的规定提供相关资料证实其支出真实性的，相应支出不得在发生年度税前扣除。

王德荣点醒：2018年国家出台了《企业所得税税前扣除凭证管理办法》，该办法是《企业所得税法》颁布10年后出台的最重要的有关发票管理的文件，确定了企业所得税的成本和费用的列支以增值税发票为依据，除特殊情况不需要发票外，一般情况下企业必须取得合规的发票才能列支。这就要求企业老板高度关注企业发票的管理和取得，从而减少税收损失。

6.2 如何把握增值税抵扣的时间节点

我们在日常为企业提供咨询服务中发现，贸易型企业有一个特别重要的问题，就是要把握好增值税进项抵扣的时间节点，如果没有及时关注进项税发票的取得时间，等到了月底才统一开具发票或向供应商要发票，一旦不能取得发票，或忘记取得进项税发票，就会导致多缴税，涉及的进项税金额不等，少则几十万元，多则上亿元，并且需要在与税务机关协调处理时花费大量的时间和人力和物力，损失惨重。

为此，作为企业老板一定要关注企业取得进项税发票的时点，及时取得进项税抵扣凭证。

这里有以下几个要点：

（1）在关联交易中，几家关联企业依次开票并抵扣，要把握好开具的时点和抵扣的时点。

案例 6-2

月底销项税发票开错造成下家不能抵扣

A、B、C 三家公司是关联公司，在月底时，A 开票给 B，B 再开票给 C，涉及增值税进项税额 2 000 多万元（见图 6-1）。某月，由于 B 公司新更换了开票的人员，在 A 开票给 B 后，B 再开票给 C 时，发票出现重大错误，C 公司取得的发票不能抵扣，这时已是月底，不能再退回重开，C 公司由于没有进项税抵扣要多缴 2 000 万元的增值税，C 公司最后只能协调主管税务机关，看是否能先形成欠税，再通过下个月的留抵税款去抵缴欠税，但是多缴滞纳金是不可避免的。

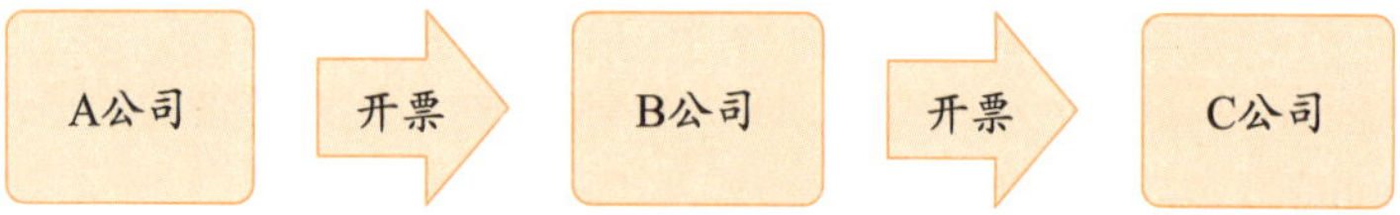

图 6-1　关联公司开票流程

由以上案例可知，关联企业之间的增值税开票时间一定不能安排在月底的一两天，要给企业留出发现操作错误并进行调整的时间。

（2）非关联交易的交易，也要防止对方不能按期开具发票。

为及时取得非关联企业的发票，一定要在事前让开票方明确以下事项：

①发票的类型，是否能开具增值税专用发票，开票限额是十万元还是百万元。

②开具的数量是否受限，如果发票数量不够，是否能申请多购发票。

案例 6-3

月底发票数量不够惹麻烦

A 公司因业务往来需要从 B 公司取得增值税专用发票用于抵扣，业务发生后，A 公司支付了货款，但没有向 B 公司提前了解是否能开具发票。到月底，当 A 公司要求 B 公司开具增值税专用发票时，B 公司发现自己的发票数量不够，同时也发现自己当月因取得不合规的发票没有及时处理，不能申请发票增量。在这种情况下，A 公司在当月不能及时取得 B 公司开具的发票，因没有进项税额而陷入多缴税或欠税的境地。

王德荣点醒：作为企业老板一定要指定专人负责跟进企业进项税发票的取得事项，责任到人，定期检查，否则等不能取得进项税发票的情况发生时再去协调关系就损失大了。

6.3 虚开增值税发票给企业和个人带来的风险及防范

对虚开增值税发票的问题大家肯定有所了解，但是在企业经营中，虚开增值税发票又是对企业老板杀伤力最大的事项，只要涉及就有可能损失财产，甚至可能涉及刑事责任。下面笔者从刑法的相关规定开始，给大家分析虚开增值税发票的相关问题。

1. 刑法有关虚开增值税专用发票和普通发票的规定

刑法对虚开增值税专用发票和普通发票有明确的规定，不但虚开增值税专用发票要追究刑事责任，虚开增值税普通发票也涉及最高七年有期徒刑。

《刑法》的规定如下：

第二百零五条 【虚开增值税专用发票、用于骗取出口退税、抵扣税款发票罪】

虚开增值税专用发票或者虚开用于骗取出口退税、抵扣税款的其他发票的，处三年以下有期徒刑或者拘役，并处二万元以上二十万元以下罚金；虚开的税款数额较大或者有其他严重情节的，处三年以上十年以下有期徒刑，并处五万元以上五十万元以下罚金；虚开的税款数额巨大或者有其他特别严重情节的，处十年以上有期徒刑或者无期徒刑，并处五万元以上五十万元以下罚金或者没收财产。

单位犯本条规定之罪的，对单位判处罚金，并对其直接负责的主管人员和其他直接责任人员，处三年以下有期徒刑或者拘役；虚开的税款数额较大或者有其他严重情节的，处三年以上十年以下有期徒刑。

虚开的税款数额巨大或者有其他特别严重情节的，处十年以上有期徒刑或者无期徒刑。虚开增值税专用发票或者虚开用于骗取出口退税、抵扣税款的其他发票，是指有为他人虚开、为自己虚开、让他人为自己虚开、介绍他人虚开行为之一的。

第二百零五条之一 【虚开普通发票罪】

虚开本法第二百零五条规定以外的其他发票，情节严重的，处二年以下有期徒刑、拘役或者管制，并处罚金；情节特别严重的，处二年以上七年以下有期徒刑，并处罚金。

单位犯前款罪的，对单位判处罚金，并对其直接负责的主管人员和其他直接责任人员，依照前款的规定处罚。

由此可见，虚开增值税专用发票和普通发票都会被追究刑事责任。

2. 虚开增值税专用发票的类型

虚开增值税专用发票的行为只有以下四种：为他人虚开、为自己虚开、让他人为自己虚开、介绍他人虚开。这四种虚开行为看似简单，实际上已包括目前所有的虚开类型，只要有人参与其中，绝对不会漏网。而刑法中确定为虚开的情形主要有3种，大家一定要注意不要发生以下这3种情况：

（1）没有货物购销或者没有提供或接受应税劳务而为他人、为自己、让他人为自己、介绍他人开具增值税专用发票；

（2）有货物购销或者提供或接受了应税劳务但为他人、为自己、让他人为自己、介绍他人开具数量或者金额不实的增值税专用发票；

（3）进行了实际经营活动，但让他人为自己代开增值税专用发票。

3. 立案的定性

《国家税务总局转发〈最高人民法院关于适用《全国人民代表大会常务委员会关于惩治虚开、伪造和非法出售增值税专用发票犯罪的决定》的若干问题的解释〉的通知》（国税发〔1996〕210号）对于虚开增值税专用发票行为有明确的界定，具有下列行为之一的，属于“虚开增值税专用发票”：

（1）没有货物购销或者没有提供或接受应税劳务而为他人、为自己、让他人为自己、介绍他人开具增值税专用发票；

（2）有货物购销或者提供或接受了应税劳务但为他人、为自己、让他人为自己、介绍他人开具数量或者金额不实的增值税专用发票；

（3）进行了实际经营活动，但让他人为自己代开增值税专用发票。

4. 立案标准

按刑法的规定，追究刑事责任的立案标准很低，只要虚开的税款数额在一万元以上就算达到。

《最高人民检察院、公安部关于公安机关管辖的刑事案件立案追诉标准的规定（二）》的规定如下：

> **第六十一条** ［虚开增值税专用发票、用于骗取出口退税、抵扣税款发票罪（刑法第二百零五条）］虚开增值税专用发票或者虚开用于骗取出口退税、抵扣税款的其他发票，虚开的税款数额在一万元以上或者致使国家税款被骗数额在五千元以上的，应予立案追诉。

案例 6–4

虚开发票被侦查

2014 年年初，高邮市公安局在工作中接到线索：当地一位徐姓男子涉嫌介绍高邮多家企业虚开增值税专用发票。经查，发现徐某确有介绍虚开增值税专用发票的嫌疑。

通过筛查涉案公司的发票明细，梳理数万条税务数据与银行资金回流数据，结合对该案多名犯罪嫌疑人的审讯材料以及技术手段获取的相关线索，现已查明，2012 年 12 月以来，犯罪嫌疑人徐某介绍山东临沂市某钢材有限公司、扬州某照明有限公司向高邮、兴化、江都地区的 10 余家企业虚开增值税专用发票，价税合计 1 700 万余元，徐某从中收取约 1% 的介绍费。

另查明，山东临沂市某钢材有限公司自成立以来，在犯罪嫌疑人何某玉等人的经营管理下，采取先按照真实交易进行公司账户的进款、做账，再利用其个人银行账户进行退款，并按照 4% ~ 6% 的比例扣除开票费，通过某快递公司寄送税票的操作方式，在犯罪嫌疑人徐某、杨某斋、戴某岭、郁某军等 20 多名中间人的介绍下，向江苏、山东、上海、安徽、浙江、陕西等地区的 150 余家公司虚开增值税专用发票，价税合计 4.3 亿余元，抵扣税款 6 300 余万元。

当地经侦部门经过一年多时间的缜密侦查，于 2016 年 3 月成功摧毁了这个跨 6 个省、直辖市作案的特大虚开增值税发票团伙，侦破特大虚开增值税发票案。

（资料来源：崔佳明，德克．江苏高邮警方侦获特大虚开增值税发票案涉案价值超 4 亿［EB/OL］．（2016-03-10）［2019-03-04］.http：//www.chinanews.com/df/2016/03-10/7792345.html.）

5. 税务和公安机关查处虚开发票的方法

由上述案例可知，税务和公安机关在查处虚开发票案件时，主要采取以下几种方法。

（1）询问和讯问相关涉案人员。

这种方法是指，在相关涉案人员归案后，通过对所有涉案人员的询问和讯问发现是否存在虚开的事实，因为作为企业老板很可能坚称不存在虚开的情况，但是其他的涉案人员可能会如实回答相关的问题。如果虚开行为真实存在，企业老板就会因被其他人员指证而无法否认虚开的事实。

（2）通过银行检查是否存在资金回流。

因为在虚开发票的行为中，取得发票的一方需要支付相应的货款或服务费给对方，而大额的资金往来一定会留下相应的线索。如果一家企业购买了货物，支付了相应的货款给供应商后，资金又回流到买方或买方股东的银行账户中，那么虚开发票的嫌疑就很大，因为资金回流不符合一般的商业逻辑。

（3）检查货物流是否真实。

对货物流的检查主要看是否有第三方运输公司的相应货运单或第三方仓库的过户凭证，如果没有，税务机关可能会提出质疑。

6. 环开增值税发票和对开增值税发票是否属于虚开

企业之间一家开票给一家，最后形成一个开票的闭环，这就是环开发票的现象。环开发票的问题比较敏感，通常需要确定以下几点：是否知道是环开发票，如何证明货物所有权已经转移，是否以偷税为目的，是否造成国家税收损失。

如果不知道是环开发票，只是在不知情的情况发生的正常沟通行为，同时货权的转移有第三方的合法的证据证明，并且不是以偷税为目的，也没有造成国家税款损失，则不应认定为虚开增值税专用发票。

对开发票的问题，是甲方开票给乙方，乙方又开票给甲方，相互对开发票，而货物又没有发生移动，这种行为会被认定为虚开。

7. 什么是善意取得虚开的增值税专用发票

善意取得虚开的增值税专用发票，是指企业在没有参与虚开增值税发票的情况下，不知道对方开具的增值税专用发票是虚开的。在这种情况下，受票方企业也是受损失的一方，如果因此对受票方进行处罚，会使受票方损失更严重甚至破产，这不利于国家经济的运行，也不利于保护善意取得人的权益。为此，税法专门做了规定，如果企业属于善意取得虚开的增值税专用发票，不予罚款，不加收滞纳金，只要求企业做进项税额转出。如果企业能要求开票方补开发票，重新补开的发票可以抵扣。具体规定如下：

根据《国家税务总局关于纳税人善意取得虚开的增值税专用发票处理问题的通知》（国税发〔2000〕187 号）和《国家税务总局关于纳税人善意取得虚开增值税专用发票已抵扣税款加收滞纳金问题的批复》（国税函〔2007〕1240 号）的相关规定，善意取得虚开的增值税专用发票的判定标准如下：

（1）双方存在真实的交易，专用发票真实；

（2）专用发票注明的销售方名称、印章、货物数量、金额及税额等全部内容与实际相符；

（3）没有证据表明购货方知道销售方提供的专用发票是以非法手段获得的。

如果纳税人不知道或者不应当知道取得的发票是伪造、变造、非法取得而受让的，纳税人既不存在“让他人为自己虚开”也不存在偷税、骗税的主观故意，不能对其予以处罚。

国税发〔2000〕187号文件做出了符合以上法理的规定，并且规定了相关补救措施，即纳税人善意取得虚开的增值税专用发票，如能重新取得合法、有效的专用发票，准许其抵扣进项税款；如不能重新取得合法、有效的专用发票，则不准其抵扣进项税款或追缴其已抵扣的进项税款。

另外，国税函〔2007〕1240号文件规定，纳税人善意取得虚开的增值税专用发票被依法追缴已抵扣税款，不加收滞纳金。

8. 接受发票存在虚开情形的，其对外开具的发票不一定也是虚开

在企业的经营中，会发生上家企业存在接受虚开发票的行为，导致上家企业对外开具的所有增值税发票都被认定为虚开，这就造成接受发票的企业的进项税不能抵扣。为了很好地解决这个问题，税法做出了明确规定。

《国家税务总局关于纳税人对外开具增值税专用发票有关问题的公告》（国家税务总局公告2014年第39号）规定：

纳税人通过虚增增值税进项税额偷逃税款，但对外开具增值税

专用发票同时符合以下情形的，不属于对外虚开增值税专用发票：

一、纳税人向受票方纳税人销售了货物，或者提供了增值税应税劳务、应税服务；

二、纳税人向受票方纳税人收取了所销售货物、所提供应税劳务或者应税服务的款项，或者取得了索取销售款项的凭据；

三、纳税人按规定向受票方纳税人开具的增值税专用发票相关内容，与所销售货物、所提供应税劳务或者应税服务相符，且该增值税专用发票是纳税人合法取得、并以自己名义开具的。

受票方纳税人取得的符合上述情形的增值税专用发票，可以作为增值税扣税凭证抵扣进项税额。

本公告自2014年8月1日起施行。此前未处理的事项，按照本公告规定执行。

上述规定的核心内容是：

（1）认定开票单位对外虚开，不能以其接受发票是虚开的作为充分条件。也就是说，不能因为其接受的发票是虚开的，就认定其开具的发票也是虚开的（开票方存在购进所开具发票上列明的货物未取进项发票的可能）。

（2）在当前已立案检查的虚开案件中，对于走逃企业，由于未能获取账册、凭证，在通过提取其认证的进项发票以及申报的销项发票明细数据，并且对其上、下游企业外调取证后，可能会发现其开票的商品并无对应品名的进项发票。在这种情形下也不能仅凭这一证据定性其为虚开，因为开票方存在购进所开具发票上列明的货物未取进项发票的可能。

9. 取得走逃（失联）企业开具增值税专用发票的处理

目前由于“金三系统”的核查升级，很多开票企业在成立不久后就走逃（失联），造成接受发票一方突然有一天就接到税务机关的通知，说企业接受的增值税专用发票是走逃（失联）企业开具的，要求接受发票方做进项税额转出，使企业蒙受较大的经济损失。那么，如何更有效地维护受票企业的利益？

大家可以按税法的要求与税务机关沟通，只要不属于税法规定的以下两种需要做进项税转出的情况，就可以提供相应的真实性交易、支付货款以及其他有关证据与税务机关沟通。

根据《国家税务总局关于走逃（失联）企业开具增值税专用发票认定处理有关问题的公告》（国家税务总局公告 2016 年第 76 号）的规定，走逃（失联）企业存续经营期间发生下列情形之一的，开票的增值税专用发票不能抵扣：

（1）商贸企业购进、销售货物名称严重背离的；生产企业无实际生产加工能力且无委托加工，或生产能耗与销售情况严重不符，或购进货物并不能直接生产其销售的货物且无委托加工的。

（2）直接走逃失踪不纳税申报，或虽然申报但通过填列增值税纳税申报表相关栏次，规避税务机关审核比对，进行虚假申报的。

如果企业不属于以上两种情况，可以举证证明自己采购货物的真实性，将取得合规发票的证据提供给主管税务机关，要求不做进项税额转出处理。

另外，要特别注意，如果企业不属于上述两种情况，但主管税务机关还是下通知要求企业做进项税转出，企业应向税务机关提供相应的证据，争取不用转出。不然企业转出后，要再转入是十分困难的。

王德荣点醒： 不要参与虚开增值税专用发票的事项，不要取得虚开的增值税专用发票进行抵扣，如果之前可能存在善意取得不合规发票的，可以考虑将这些企业依法注销，尽管注销不一定能解决问题，但至少也是一种可参考的方法。

CHAPTER 7

会计做账的财税谋略

7.1 正确理解税会差异

税法主要通过对纳税主体、税种和税收征管办法等方面的规定，来保障国家税收的及时足额征收，保障纳税人的合法权益，以维护正常的税收秩序，其价值取向倾向于保护国家的宏观经济利益。

因此，当征税主体与纳税人之间存在利益冲突时，税法主要保护的是国家利益；但税法的最终目的是保护纳税人权益，从这一点来说，税法与会计制度又存在终极合作的可能性。

会计制度的价值取向倾向于保护企业和与企业有利害关系主体的微观经济利益。截然不同的职能和价值取向，必然导致税法与会计制度站在不同的立场上对业务处理做出规定，导致二者间存在差异。

税会差异的协调原则是：企业纳税以税法为准，税法未规定的，暂按会计制度的规定处理。

同时，根据《国家税务总局关于企业所得税应纳税所得额若干税务处理问题的公告》（国家税务总局公告 2012 年第 15 号）的规定，对企业依据财务会计制度规定，并实际在财务会计处理上已确认的支出，凡没有超过《中华人民共和国企业所得税法》和有关税收法规规定的税前扣除范围和标准的，可按企业实际会计处理确认的支出，在企业所得税税前扣除，计算其应纳税所得额。

我们来看两个例子。

（1）关于无形资产（土地）的摊销，税法规定是不低于 10 年，企业按 30 年摊销，是没有问题的。上市公司如果这样处理也是正确的，其主要目的是增加利润。

王德荣点醒：企业在摊销固定资产时，有的摊销时间比税法规定的时间长，这是没有问题的。但如果税法规定摊销的时间长，而会计上摊销的时间短，就会被要求调整补税。

（2）如果企业当年成本、费用支出未取得发票，但第二年汇算清缴前取得了发票，则可以作为成本税前列支。

根据《国家税务总局关于企业所得税若干问题的公告》（国家税务总局公告 2011 年第 34 号）的规定，企业当年度实际发生的相关成本、费用，由于各种原因未能及时取得该成本、费用的有效凭证，企业在预缴季度所得税时，可暂按账面发生金额进行核算；但在汇算清缴时，应补充提供该成本、费用的有效凭证。

案例 7-1

年底前未取得发票的处理

A 企业 2018 年发生的费用，在 2018 年 12 月 31 日并未取得发票，如果企业在 2019 年 5 月 31 日前的汇算清缴期取得发票，还是可以在企业所得税前列支的。如果超过 2019 年 5 月 31 日仍未取得发票，企业在税前列支的话，会存在一定的风险。因为根据《企业所得税税前扣除凭证管理办法》（国家税务总局公告 2018 年第 28 号发布）的规定，如果税务机关在以后检查到该费用未取得发票但已在企业所得税前列支，会出具通知书要求企业在 60 天内取得发票，如果仍未取得的话，企业就会被要求补税，也可能会受到处罚。

上述案例说明，会计处理上并未要求一定取得合规的发票才能做账，但税法在计算企业所得税时要求必须取得合规的发票才能作为扣除凭证在税前列支。这种差异是会计与税法最显著的差异之一。

王德荣点醒：作为企业老板一定要明白，会计处理与税务处理是存在差异的，最显著的差异是税法要求有发票才能作为企业所得税的成本，而会计处理是不一定要求有发票。会计处理一般要求是真实发生的，与取得收入相关的成本费用都可以做账，并计入企业成本费用。如果作为企业老板不明白其中的差异，就不会明白作为企业的会计人员为什么总是要求业务人员必须取得发票。

7.2 收入确认中视同销售的常见涉税问题

还有一个显著的税会差异就是视同销售。通俗地说，就是在会计处理上产品的赠送不作为销售商品处理，而在税法上要求按销售处理，计算收入缴纳增值税和企业所得税。一个简单的例子是，企业把外购的月饼发给员工作为中秋节的福利，这在会计上不作销售处理，直接计算在企业的福利费用中，但是在税法上则视同销售，要征收增值税和企业所得税。下面介绍视同销售中会计与税法的主要差异。

视同销售，是指在会计上不作为销售核算，而在税法上作为销售，确认收入计缴税金的商品或劳务的转移行为，是一种特殊的销售行为，属于比较特殊的一类业务。

《中华人民共和国增值税暂行条例实施细则》（以下简称《增值税暂行条例实施细则》）将有关货物发生移送或赠送等八种行为归入视同销售行为：

（1）将货物交付他人代销；

（2）销售代销货物；

（3）非同一县（市），将货物从一个机构移送他机构用于销售；

（4）将自产或委托加工的货物用于非应税项目；

（5）将自产、委托加工或购买货物作为投资，提供给其他单位或个体经营者；

（6）将自产、委托加工或购买的货物分配给股东或投资者；

（7）将自产或委托加工的货物用于集体福利或个人消费；

（8）将自产、委托加工或购买的货物无偿赠送他人。

也就是说，在上述8种情况下，如果会计不确认销售收入，在税法上是要求作收入处理，计算增值税和企业所得税的。

王德荣点醒：作为企业老板一定要明白，企业在会计上或日常业务中看来不是销售的业务，在增值税和所得税上是会认定为销售的，目的是防止企业以此为借口不缴税。企业老板一定要关注这种特殊的情况，并依法进行纳税申报。

营改增后，对属于销售服务、无形资产或者不动产中的无偿服务等行为，也规定视同销售的行为需要缴纳增值税。具体规定如下：

《营业税改征增值税试点实施办法》（财税〔2016〕36号文件附件1）第十四条规定：

下列情形视同销售服务、无形资产或者不动产：

（一）单位或者个体工商户向其他单位或者个人无偿提供服务，但用于公益事业或者以社会公众为对象的除外。

（二）单位或者个人向其他单位或者个人无偿转让无形资产或者不动产，但用于公益事业或者以社会公众为对象的除外。

（三）财政部和国家税务总局规定的其他情形。

除增值税外，企业所得税上也有相关视同销售的规定，具体如下：

（1）《国家税务总局关于企业处理资产所得税处理问题的通知》（国税函〔2008〕828号）规定：

> 二、企业将资产移送他人的下列情形，因资产所有权属已发生改变而不属于内部处置资产，应按规定视同销售确定收入。
> （一）用于市场推广或销售；
> （二）用于交际应酬；
> （三）用于职工奖励或福利；
> （四）用于股息分配；
> （五）用于对外捐赠；
> （六）其他改变资产所有权属的用途。

（2）《国家税务总局关于企业所得税有关问题的公告》（国家税务总局公告2016年第80号）规定：

> 企业发生《国家税务总局关于企业处置资产所得税处理问题的通知》（国税函〔2008〕828号）第二条规定情形的，除另有规定外，应按照被移送资产的公允价值确定销售收入。

上述增值税和企业所得税上的规定说明，会计上不需要确认收入的很多情形，在增值税和企业所得税上是要确认收入并缴纳增值税和企业所得税的。为什么税法要这样规定呢？主要是为了堵塞避税的漏洞。例如，将外购商品赠送员工在会计上可以不确认收入，如果这种行为在税法上也不确认收入，企业就可以通过将外购商品赠送给员工，再由员工对外销售而避税，这样就不用缴税了。

案例 7-2

无偿赠送产品未视同销售被纠正

（1）A 公司在 2013 年 7 月至 2015 年 12 月将面粉、植物油无偿赠送给客户，不含税金额合计 1 805 236.12 元，其中：2013 年 7 至 12 月 197 727.13 元，2014 年 783 804.99 元，2015 年 823 704.00 元，未视同销售货物计提销项税额。

根据《增值税暂行条例实施细则》第四条第（八）项的规定，单位或个体经营者将自产、委托加工或购买的货物无偿赠送他人，视同销售货物，因此应计提销项税额：1 805 236.12 × 13%= 234 680.70（元），应缴增值税 234 680.70 元。

（2）A 公司某市办事处先后在 2014 年 10 月、11 月两次将某市云豆进出口公司代垫款项购买的酱油赠送给顾客，不含税金额均为 22 500.00 元，合计 45 000.00 元，未视同销售货物计算缴纳增值税。

根据《增值税暂行条例实施细则》第四条第（八）项的规定，单位或个体经营者将自产、委托加工或购买的货物无偿赠送他人，视同销售货物，因此 2005 年 1 月应计提销项税额：45 000.00 × 17%=7 650.00（元），应缴增值税 7 650.00 元。

据此，A 公司的不当税务处理被纠正。

案例 7-3

样品赠送未视同销售被处罚

案例背景

2010年布置税收专项检查工作时，某市A鞋服有限公司作为"两率"异常企业，被列为市局2010年税收专项检查户。

纳税人基本情况

某市A鞋服有限公司，于××年11月23日注册成立，系外资企业，法定代表人：郭××，生产经营地址：某市城某区。

检查过程与检查方法

检查人员着重检查了企业的材料账、产品出入明细账，经与企业账物进行比对，发现该企业的存货产品明显短缺。在存货短缺的事实面前，企业老板不得不承认，企业2009年因新产品开发，有赠送样品给客户未计提销项税额。

发现问题

该公司2009年12月赠送样品鞋底19 306双计282 832.9元（不含税），已在账上作视同销售收入处理，但未作增值税及企业所得税纳税申报。

处理意见及依据

（1）增值税方面。

根据《增值税暂行条例实施细则》第四条第（八）项之规定，该公司2009年12月份无偿赠送样品鞋底282 832 .9元应视同销售货物，应补2009年12月份增值税282 832.9×17%=48 081.59（元）。

（2）所得税方面。

根据《中华人民共和国企业所得税法实施条例》第二十五条之规定，该公司2009年度赠送样品282 832.9元，应视同销售货物核增2009年度应纳税所得额，应补2009年度企业所得税282 832.9×25%×50%=35 354.11（元）。

同时，根据《中华人民共和国税收征收管理法》第三十二条之规定，以上应补缴的税款，从滞纳税款之日起按日加收滞纳税款万分之五的滞纳金。

处罚情况

根据《中华人民共和国税收征收管理法》第六十四条第二款之规定，拟决定对该公司少缴增值税48 081.59元及企业所得税35 354.11元处以50%的罚款计（48 081.59+35 354.11）×50%=41 717.85（元）。

（资料来源：样品赠送未视同销售被处罚［EB/OL］.（2012-06-24）［2019-03-04］. 中税汇通 . http：//blog.sina.com.cn/s/blog_a28e29f701015ahj.html.）

案例 7–4

总机构货物移送办事处或分支机构视同销售认定

某商贸企业年销售额逾亿元，是桂南地区 20 多个县市的多个商品的总代理，南孚电池是其总代理商品之一。该商贸企业总机构在桂南某市，并在其他各县市设有办事机构，负责其代理商品的营销。税务机关在对其某年度的纳税情况进行检查时发现，其总机构的库存商品明细账记载的南孚电池结存数量与仓库实存数量严重不符，账面库存有 30 多万节，实际盘点库存仅 5 万节不到。经询问财务人员，财务人员称其他约 25 万节在备查账簿中有记载，系存在代理区域内各办事机构的仓库，各办事机构只负责当地的促销活动，既不收取销货款也不开具收款凭证。

基于企业的介绍，检查人员有选择地对某较大城市的办事机构进行了突击检查，提取了有关其在当地银行的账户和收款收据存根等证据，证明了该办事机构在当地的实际操作与向税务检查人员介绍的情况严重不符。在证据面前，企业不得不承认在实际经营中，相关程序性资料（如合同等）虽然都是由总机构与该分支机构所在地有关的经销商直接办理的，但总机构不可能事事包办，对于零星而又具体的事务一般不会过问，而办事处虽然能处理日常的业务，但终因各办事处基本上只有 2 至 3 人，无法按照税法对一个实体经济提出的要求去运作、办理。办事处能做到的只是在开具收款收据后，再将收到的款项转交到总机构，以满足总机构加速账款回笼的需要。

（资料来源：赵学梅，王量 . 由两个案例看视同销售的税法漏洞［J］. 财会月刊（上）2013（21）. http：//www.ckyk.cn/periodical/previous_detail–JNIMDRCPQ0.shtml.）

上述案例涉及的相关法律规定如下：

（1）《中华人民共和国增值税暂行条例实施细则》第四条规定：

单位或者个体工商户的下列行为，视同销售货物：

……

（三）设有两个以上机构并实行统一核算的纳税人，将货物从一个机构移送其他机构用于销售，但相关机构设在同一县（市）的除外；

（2）《国家税务总局关于企业所属机构间移送货物征收增值税问题的通知》（国税发〔1998〕137号）规定：

《中华人民共和国增值税暂行条例实施细则》第四条视同销售货物行为的第（三）项所称的用于销售，是指受货机构发生以下情形之一的经营行为：

一、向购货方开具发票；

二、向购货方收取货款。

受货机构的货物移送行为有上述两项情形之一的，应当向所在地税务机关缴纳增值税；未发生上述两项情形的，则应由总机构统一缴纳增值税。

如果受货机构只就部分货物向购买方开具发票或收取货款，则应当区别不同情况计算并分别向总机构所在地或分支机构所在地缴纳税款。

王德荣点醒：在税务机关的检查中，视同销售是否缴纳增值税和企业所得税是常规的检查项目，企业一定要重视。如果企业未按税法规定处理，有可能会被税务机关按偷税处理，这就不划算了。

7.3 不得税前扣除的成本费用要谨慎处理

在会计处理与税务处理中，对于不得在企业所得税前扣除的成本费用有专用的规定，两者存在差异。这种差异是永久性差异，只要你在会计上列支了，在企业所得税前就要调整补税，如果不进行调整补税，很可能会被税务机关认定为偷税行为。不得税前扣除的成本费用处理要点如下：

1. 预提费用不得税前扣除

预提费用，在当年已发生但未取得发票，但在第二年 5 月 31 日前取得发票的，可以税前扣除。

例如，四川某企业将预计在第二年发生的运输费 2.2 元在企业所得税税前扣除，后被稽查调整补税。

2. 商业保险费不得税前扣除

除特殊工种职工支付的人身安全保险费和外，企业为投资者或者职工支付的商业保险费，不得扣除。

例如，上海某企业为企业法人和高管购买大额人寿保险支出 80 多万元，后被纳税评估发现，作自查补税处理。

但根据《国家税务总局关于企业所得税有关问题的公告》（国家税务总局公告 2016 年第 80 号）“企业职工因公出差乘坐交通工具发生

的人身意外保险费支出，准予企业在计算应纳税所得额时扣除”的规定，这属于可以税前扣除的费用。

3. 发放工资、薪金没有代扣代缴个人所得税不得税前扣除

《国家税务总局关于企业工资薪金及职工福利费扣除问题的通知》（国税函〔2009〕3号）规定，合理的工资、薪金支出要件之一是已经代扣代缴了个人所得税。

因此，企业发放的工资、薪金如果没有代扣代缴个人所得税，不能证明其工资、薪金支出的属性，不允许在企业所得税税前扣除。

4. 对于以下7种情形的固定资产不得计提折旧税前扣除，要做纳税调整

根据《中华人民共和国企业所得税法》（以下简称《企业所得税法》）第十一条的规定，下列固定资产不得计算折旧扣除：

（1）房屋、建筑物以外未投入使用的固定资产；

（2）以经营租赁方式租入的固定资产；

（3）以融资租赁方式租出的固定资产；

（4）已足额提取折旧仍继续使用的固定资产；

（5）与经营活动无关的固定资产；

（6）单独估价作为固定资产入账的土地；

（7）其他不得计算折旧扣除的固定资产。

上述规定看似简单，但很容易被企业忽略，因此企业要特别关注。

5. 下列项目为不得扣除项目

（1）向投资者支付的股息、红利等权益性投资收益款项。

（2）企业所得税税款。

（3）税收滞纳金、罚金、罚款和被没收财物的损失。

（4）公益性捐赠以外的捐赠支出。

（5）赞助支出。是指企业发生的与生产经营活动无关的各种非广告性质支出。

（6）未经核定的准备金支出。是指不符合国务院财政、税务主管部门规定的各项资产减值准备、风险准备等准备金支出。

（7）与取得收入无关的其他支出。

上述是企业所得税法规定的不得在企业所得税前列支的项目，如果企业列支入了成本费用，有可能会税务机关认定为偷税。我们来看下面的案例。

案例 7–5

不得扣除的应纳税项目在税前扣除带来的风险

（1）A 公司将 2012 年 4 月、11 月代扣代缴预提所得税款 20 691.25 元和 20 211.25 元在管理费用列支，根据《企业所得税法》第十条第（八）项的规定，核增应纳税所得额：20 691.25+20 211.25=40 902.50（元）。

（2）B 公司在 2012 年 12 月 28 日申报缴纳增值税 4 085 979.21 元，滞纳金 719 132.34 元，账务处理为“借：应交税金——应交增值税——已交增值税　4 085 979.21，借：营业外支出　719 132.34；贷：银行存款　4 805 111.55”。滞纳金在营业外支出列支后，2013 年企业所得税申报时，未做纳税调增处理而是在税前扣除，核增应纳税所得额 719 132.34 元。

（3）C 公司在 2012 年 8 月被四川彭山县工商局处以罚款 30 000.00 元，根据《企业所得税法》第十条第（四）项的规定，罚款支出不得列为费用，核增利润 30 000.00 元。

（4）D 公司账目反映，2012 年“预提费用——预提大修理费”年末余额 94 325.90 元，根据《企业所得税法》第八条“企业实际发生的与取得收入有关的、合理的支出，包括成本、费用、税金、损失和其他支出，准予在计算应纳税所得额时扣除”的规定，上述预提费用不得在所得税前列支，核增利润 94 325.90 元。

由上述案例可知，如果将不得扣除的项目予以扣除，可能会被认定为偷税。

王德荣点醒：作为不能在企业所得税前列支的成本费用、罚款、滞纳税金等项目，我原来在税务机关任职对企业进行税务检查时是必查的项目，而现在的税务检查和纳税评估也是要检查的，因此企业在年度汇算清缴时，一定要关注这些项目的纳税调整事项，做到没有遗漏。

7.4 费用列支中的常见涉税问题

作为会计与税法的差异调整，有些常见的典型事项作为企业的老板也需要了解，因为这些事项处理不好，也会影响企业的纳税，从而因不按税法要求处理导致补税及罚款。

1. 会议费、培训费、差旅费、办公用品费等的税法处理要求

会议费、培训费、差旅费、办公用品费是企业在日常经营中经常发生的费用项目，由于经常发生，因此一定要按规范要求来处理。具体的处理要求如下：

（1）会议费和培训费。

会议费的证明材料包括：会议时间、地点、出席人员、内容、目的、费用标准、支付凭证等。召开董事会会议的会议费也应该按照上述规定提供资料。

对纳税人年度内发生的会议费，可以参照原国税发〔2000〕84号文件（已废止）的精神，同时具备以下条件的，在计征企业所得税时准予扣除：

①会议名称、时间、地点、目的及参加会议人员花名册；

②会议材料（会议议程、讨论专件、领导讲话）；

③会议召开地酒店（饭店、招待处）出具的服务业专用发票。

企业不能提供上述资料的，其发生的会议费一律不得扣除。

关于会议费的入账问题，如果是离开公司所在地到异地开会，必须把会议邀请函作为重要的法律凭证附在记账凭证后面；如果是在公司所在地的酒店或宾馆或者在公司的会议室开会，则需要提供会议文件，会议材料、签到记录作为重要的法律凭证。

培训费入账必须有具备教育资质的培训机构开具的培训费发票，其他机构只能开会议费发票。

（2）差旅费和办公用品费。

差旅费的证明材料包括：出差时间、地点、人数、事由、天数、费用标准等。

办公用品发票若未附明细，则不能说明所买的就是办公用品，换句话说就是，不能证明费用列支的真实性。

财务报销必须规范报销凭证，附正规发票，如果采购的商品较多，货物名称、单价、数量等不能在发票中详细反映，还应附供应商提供的明细清单。

国家税务总局12366纳税服务平台答疑有这样的内容：

> 根据《国家税务总局关于增值税发票开具有关问题的公告》（国家税务总局公告2017年第16号）第二条规定："销售方开具增值税发票时，发票内容应按照实际销售情况如实开具，不得根据购买方要求填开与实际交易不符的内容。销售方开具发票时，通过销售平台系统与增值税发票税控系统后台对接，导入相关信息开票的，系统导入的开票数据内容应与实际交易相符，如不相符应及时修改完善销售平台系统。"
>
> 如果购买的商品种类较多，销售方可以汇总开具增值税普通发票。购买方可凭汇总开具的增值税普通发票以及购物清单或小票作为税收凭证。

以上要求不仅限于办公用品的购置。对印制费、物业管理、维修、劳务、软件开发、设备租赁、车辆保险等各项费用的支出，亦应按以上要求办理。

案例7–6

取得不合规的会议费发票被处理

某税源管理分局在对辖区内某银行进行税务风险应对时发现，该银行在201×年12月的单张记账凭证中记录了支付某爱心消费经纪公司会务费288 000元，所附原始凭证为该公司开具的5张通用机打发票，项目内容均为会务费，每张发票均备注了具体在哪个酒店召开及会议日期等内容。

抽取201×年11月8日在××酒店的消费28 880元的记录进行核实发现，××酒店在201×年11月8日未承接该银行的会务安排。经过检查，5笔会务费均为子虚乌有，真相是该银行向某爱心消费经纪公司购买了288张面额为1 000元的“爱心消费卡”，所有代币卡均已赠送给业务推广中的重要客户。税务人员以此为线索，核查确认该银行在201×年业务宣传推广中，向非本银行员工赠送礼品卡及礼品价值2 293 000元，且未代扣代缴个人所得税。

根据《财政部 国家税务总局关于企业促销展业赠送礼品有关个人所得税问题的通知》（财税〔2011〕50号）第二条第2款的规定，企业在年会、座谈会、庆典以及其他活动中向本单位以外的个人赠送礼品，对个人取得的礼品所得，按照“其他所得”项目，全额适用20%的税率缴纳个人所得税。

因此，该银行在日常业务拓展中向非本银行员工赠送礼品卡及礼品应按“其他所得”项目全额扣缴个人所得税。税源管理分局督促该单位对相关人员代扣代缴个人所得税458 600元。

（资料来源：信息采编部．多记会务费并非避税天堂．[EB/OL]（2013-03-11）[2019-03-04].https://www.zjtax.net/trainingDetail_8561.html.）

王德荣点醒： 对于会议费、培训费、差旅费、办公用品费的处理，主要是防止利用购买发票等虚开的方式进行税前列支，这样的处理很容易被税务机关检查发现，风险比较大。

2. 水费、电费、煤气费、热力费等可以用分割单的方式列支扣除

在日常的咨询业务中，有的企业向我们提问：我公司租赁他人的生产场地，水电部门只给出租方开具专用收费票据，我公司多次向出租方提出要求，出租方只能出具分割单。此种情况下我公司的支出是否可以列支？

根据《企业所得税税前扣除凭证管理办法》第十九条的规定，企业租用（包括企业作为单一承租方租用）办公、生产用房等资产发生的水、电、燃气、冷气、暖气、通讯线路、有线电视、网络等费用，出租方作为应税项目开具发票的，企业以发票作为税前扣除凭证；出租方采取分摊方式的，企业以出租方开具的其他外部凭证作为税前扣除凭证。

分割单没有统一格式，符合规定要求就可以。参考格式见表 7-1。

表 7-1　原始凭证分割单

编号：　　　　　　　　　　　　　　　　　　　　　　年　月　日

<table>
<tr><td colspan="2">接受单位名称</td><td colspan="2"></td><td>地址</td><td colspan="10"></td></tr>
<tr><td>原始</td><td>单位名称</td><td colspan="2"></td><td>地址</td><td colspan="10"></td></tr>
<tr><td>凭证</td><td>名称</td><td></td><td>日期</td><td></td><td>编号</td><td colspan="9"></td></tr>
<tr><td colspan="2" rowspan="2">总金额</td><td colspan="3">人民币</td><td>千</td><td>百</td><td>十</td><td>万</td><td>千</td><td>百</td><td>十</td><td>元</td><td>角</td><td>分</td></tr>
<tr><td colspan="3">（大写）</td><td></td><td></td><td></td><td></td><td></td><td></td><td></td><td></td><td></td><td></td></tr>
<tr><td colspan="2" rowspan="2">分割金额</td><td colspan="3">人民币</td><td>千</td><td>百</td><td>十</td><td>万</td><td>千</td><td>百</td><td>十</td><td>元</td><td>角</td><td>分</td></tr>
<tr><td colspan="3">（大写）</td><td></td><td></td><td></td><td></td><td></td><td></td><td></td><td></td><td></td><td></td></tr>
<tr><td colspan="2">原始凭证主要内容、分割原因</td><td colspan="13"></td></tr>
<tr><td colspan="2">备注</td><td colspan="13">该原始凭证附在本单位　年　月　日第　号记账凭证内。</td></tr>
</table>

单位名称（公章）：　　　　　　会计：　　　　　　制单：

地址：

分割单必须具备原始凭证的基本内容，具体如下：

凭证名称、填制凭证日期、填制凭证单位名称或者填制人姓名，经办人的签名或者盖章，接受凭证单位名称，经济业务内容、数量、单价、金额和费用分摊情况等。

一张原始凭证所列支出需要由几个单位共同负担的，应将其他单位负担的部分，开给对方“原始凭证分割单”据以结算，并将该原始凭证分割单副本附入记账凭证。

原始凭证的复件与分割单一起交付给接收单位。

王德荣点醒：如果将相关的费用用分割单的方式给其他单位，取得的进项税额也要相应转出，并向使用方收回对应的进项税额。

企业在无法取得发票时，要尽可能地取得分割单，这样就可以在企业所得税前列支。

3. 以前年度发生应扣未扣支出的税务处理

根据《中华人民共和国税收征收管理法》的有关规定，对企业发现以前年度实际发生的、按照税收规定应在企业所得税前扣除而未扣除或者少扣除的支出，企业做出专项申报及说明后，准予追补至该项目发生年度计算扣除，但追补确认期限不得超过 5 年。

企业由于上述原因多缴的企业所得税税款，可以在追补确认年度企业所得税应纳税款中抵扣，不足抵扣的，可以向以后年度递延抵扣或申请退税。

亏损企业追补确认以前年度未在企业所得税前扣除的支出，或盈利企业经过追补确认后出现亏损的，应首先调整该项支出所属年度的亏损额，然后再按照弥补亏损的原则计算以后年度多缴的企业所得税款，并按上述规定处理。

其他税法依据如下：

（1）《国家税务总局关于企业所得税应纳税所得额若干税务处理问题的公告》（国家税务总局公告 2012 年第 15 号）。

（2）《企业所得税税前扣除凭证管理办法》第十七条：

> 企业以前年度应当取得而未取得发票、其他外部凭证，且相应支出在该年度没有税前扣除的，在以后年度取得符合规定的发票、其他外部凭证或者按照相关规定提供可以证实其支出真实性的相关资料，相应支出可以追补至该支出发生年度税前扣除，但追补年限不得超过五年。

王德荣点醒：以前年度发生应扣未扣支出的处理是企业在日常经常中需要关注的问题，特别是在应对稽查时或企业自查时，发现这类可以列支的费用，在税法规定的 5 年内均可以向税务机关提出追补扣除。

4. 不能偿还的债权损失也可以作为资产损失在企业所得税税前扣除

企业比较难处理的是贷款给其他企业或个人，但是债务人到期不能偿还债务的情形。对长期不能追回的债权，如何在企业所得税税前扣除？

对于企业不能追回的债权损失在企业所得税前列支，要求是比较严格的，其中有一条就是，税法要求必须向债务人追偿，而对于追偿的方式，税务机关认可的主要是仲裁或诉讼。如果企业的债权未经过上述两种方式追偿就在税前列支，是有税务风险的。

案例 7–7

担保损失如何扣除

A 公司贷款 5 000 万元给 B 公司，同时由 C 公司提供担保。交易关系见图 7–1。

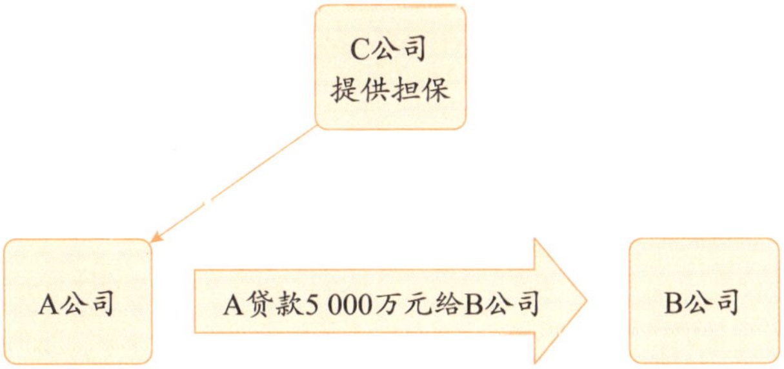

图 7–1　三方交易关系

2015 年，由于 B 公司因虚开发票被追究刑事责任，并被工商机关吊销了营业执照，A 公司贷给 B 公司的款项无法追回。由于 C 公司为 B 公司提供了担保，A 公司必须向 C 公司追偿，只有在 C 公司无法偿还时，才能在会计上做损失处理，并在企业所得税前作为坏账损失扣除。

如果A公司未向作为担保人的C公司进行追偿，依据税法规定，其5 000万元的坏账损失就不能在企业所得税税前扣除。

税法依据：《企业资产损失所得税税前扣除管理办法》（国家税务总局公告2011年第25号发布）第四十六条。

下列股权和债权不得作为损失在税前扣除：……（四）企业未向债务人和担保人追偿的债权。

王德荣点醒：对于企业的债权损失，比较简便的追偿方式为仲裁，企业可以通过与债务人协商的方式签订补偿协议，约定双方可以通过仲裁的方式解决双方的债务纠纷，这样花费的成本就是比较少的。而走诉讼程序成本较高，时间较长，是比较麻烦的，建议少用。

7.5 税收优惠政策的理解及应用

“优惠不是毛毛雨，不会均匀地洒在每个企业的头上”。在确认本企业是否能享受税收优惠时，不能想当然，应采取以下做法：

（1）吃透文件精神，弄清适用条件。

例如农产品初加工，应根据文件规定的原料、工艺、产品三个条件去确认是否可以享受税收优惠。

根据《免征企业所得税农产品初加工范围确定》(财税〔2008〕149号)的规定,通过对菜籽、花生等粮食的副产品等,进行清理、热炒、磨坯、榨油(搅油、墩油)、浸出等简单加工处理,制成的植物毛油和饼粕等副产品,可以享受农产品初加工的免征企业所得税的税收优惠。

对于上述规定可以理解为:“原料”就是菜籽、花生;“工艺”就是清理、热炒、磨坯、榨油(搅油、墩油)、浸出;“产品”就是毛油和饼粕。只有在原料、工艺、产品三方面都符合了上述规定,才能享受农产品初加工的税收优惠,享受15%的税率。

又如,高新企业的主营业务收入达60%后,股权转让收入可以适用15%的企业所得税优惠税率。如果高新企业的收入因为股权转让收入占比过高造成高新企业的主营业务收入占比低于60%,则整个企业都会不能认定为高新企业。

因为根据《高新技术企业认定管理办法》(国科发火〔2016〕32号文件发布)第十一条的规定,认定为高新技术企业须同时满足八项条件,其中第六项为:“近一年高新技术产品(服务)收入占企业同期总收入的比例不低于60%”。如果低于60%则不能享受高新企业的15%优惠税率,而应按25%征收企业所得税。

案例 7-8

高新企业股权转让收入占比过高有风险

2017年,A企业的一块土地因公共事业需要被政府收回,当年取得政府收回土地补偿款2.1亿元,该企业当年高新技术收入1.2亿元,收入总额3.3亿元,而高新技术收入只占当年的总收入37%,低于60%,因此当年应按25%征收企业所得税。

（2）按税法要求做好会计核算，对享受优惠的项目和不享受优惠的项目要分开核算或单独核算。

（3）对需要政府批文或备案等前置程序的，要先取得相应的证据。

我们在税收优惠咨询中遇到过这样的问题：

问：我公司在2017年2月申请2016年11月至2017年1月的增值税即征即退的退税款，2017年3月收到退税款，我需要把属于2016年的退税款调整入2016年的收入吗？现在税务局要求我们调整合理吗？税务局要求一个季度办理一次，我在收到退税款的时候计入当年的收入不行吗？

答：根据《财政部 国家税务总局关于财政性资金 行政事业性收费 政府性基金有关企业所得税政策问题的通知》（财税〔2008〕151号）的规定，增值税即征即退的退税款属于财政收入，应按企业实际取得的时间确认收入的所属期，而不是按退税款的所属，因此该企业收到的退税款应在2017年3月计入收入总额。

税法依据：财税〔2008〕151号文件。

一、财政性资金

（一）企业取得的各类财政性资金，除属于国家投资和资金使用后要求归还本金的以外，均应计入企业当年收入总额。

（二）对企业取得的由国务院财政、税务主管部门规定专项用途并经国务院批准的财政性资金，准予作为不征税收入，在计算应纳税所得额时从收入总额中减除。

（三）纳入预算管理的事业单位、社会团体等组织按照核定的预算和经费报领关系收到的由财政部门或上级单位拨入的财政补助收入，准予作为不征税收入，在计算应纳税所得额时从收入总额中减除，但国务院和国务院财政、税务主管部门另有规定的除外。

本条所称财政性资金，是指企业取得的来源于政府及其有关部门的财政补助、补贴、贷款贴息，以及其他各类财政专项资金，包括直接减免的增值税和即征即退、先征后退、先征后返的各种税收，但不包括企业按规定取得的出口退税款；所称国家投资，是指国家以投资者身份投入企业、并按有关规定相应增加企业实收资本（股本）的直接投资。

王德荣点醒：税法规定的享受税收优惠的条件是比较明确的，如果有不明确的地方一定要向主管机关进行咨询或请教相关的税务专业人士，不能仅按自己的理解去操作，多咨询多问，才是正确的做法。如果在不符合税法规定的情况下就按享受税收优惠处理，一旦后续被税务稽查推翻，就会有补税的风险。

CHAPTER 8

纳税申报的财税谋略

纳税申报是企业履行纳税义务的直接表现，而准确和规范填报纳税申报表是企业降低税务风险或减少多缴税款的最后一道防线，如果申报有误，则会造成后续的麻烦。

8.1 纳税申报过程中多缴税的风险防控

企业在纳税申报时，多缴税的情况发生较少，但也不可不防。这种情况在享受税收优惠，产品品种较多，税率结构复杂的企业，以及为了增加利润美化报表故意提前确认收入的企业中比较常见。

1. 多缴税风险产生的原因

（1）涉及不同税率商品和服务的企业，由于商品和服务的品类多，税率不一样，在会计信息系统中填入税率前，如果没有事先确认适用的税率，造成应适用低税率的商品错误适用了高税率，就会导致多缴税。

例如，本来销售猪油的企业，增加了销售玉米油的业务，猪油的适用税率是13%，但玉米油的适用税率是9%，如果不事先审核，可能认为都是油，就按13%在系统中填入，从而造成多缴税。又如，超市的税率管理十分复杂，有的是免税商品，有的是低税率商品，如果选错了税率，就会造成多缴税。

（2）企业应享受的税收优惠而未享受。

纳税人没有享受优惠政策或行使权利，可归结为以下三个原因：

一是不知道可以享受的优惠或可行使的权利；

二是没有及时办理备案；

三是因大意丧失享受优惠的资格。

2. 如何防控纳税申报过程中多缴税的风险

针对多缴税产生的原因，应采取以下措施：

（1）针对产品或服务较多，可能存在错用税率的问题，要设置事前审核确认程序。增加税务专员或税务经理审核确认的环节，要求在填报适用什么税率前，必须经上述税务专员或税务经理确认，凡未经上述程序发生的适用税率错误由财务人员承担相应的责任。

（2）对应享受税收优惠而未享受的，有三种应对办法：

一是及时了解国家出台的税收法规，尤其是与税收优惠和纳税人权利有关的法规，分析如何理解和应用。最好聘请合格中介担任常年税务顾问，以便及时了解国家出台的与其有关的优惠政策。

二是凡可以享受的优惠和行使的权利，在第一时间保存有关资料或证据，及时办理有关备案手续。

三是逐月盯住与优惠有关的指标，统筹安排相关交易的时间和规模，避免丧失优惠资格。

案例 8-1

纳税信用等级下降有风险

某市 A 企业，由于未按期进行纳税申报被税务机关处罚，企业也未关注该处罚对信用等级的影响，等到第二年评信用等级时，税务机关公布 A 企业信用等级从 B 级下降到 C 级，A 企业才反应过来，但此时信用等级已无法再修改。A 企业当年因信用等级为 C 级而无法享受即征即退的税收优惠，该企业一年增值税即征即退的优惠 200 多万元就不能享受了，损失惨重。

污水处理厂出水、工业排水（矿井水）、生活污水、垃圾处理厂渗透（滤）液等，享受增值税即征即退优惠，要符合纳税信用等级不属于税务机关评定的 C 级或 D 级的条件。如果企业受到税务机关的行政处罚，纳税信用等级很可能会从 B 级下降到 C 级，导致不符合增值税即征即退的条件。

王德荣点醒：多缴税的风险防控是企业在税务风险控制中必不可少的环节，因为一旦多缴税到税务机关，申请退税的程序比较麻烦，要求提供的资料比较多，审批的环节也比较复杂，因此要专门防范此类风险。而对税收优惠的享受，如果属于符合条件应享受而未享受的，要往前追溯享受可能性较小，所以要特别注意享受的时间起点，及时申报享受。对于案例中提到的增值税即征即退条件要特别关注，否则一旦达不到要求，损失就不可避免。

为享受增值税即征即退优惠，企业应关注《财政部 国家税务总局关于印发〈资源综合利用产品和劳务增值税优惠目录〉的通知》（财税〔2015〕78号）的规定。具体如下：

> 二、纳税人从事《目录》所列的资源综合利用项目，其申请享受本通知规定的增值税即征即退政策时，应同时符合下列条件：
>
> ……
>
> （五）纳税信用等级不属于税务机关评定的C级或D级。
>
> 四、已享受本通知规定的增值税即征即退政策的纳税人，因违反税收、环境保护的法律法规受到处罚（警告或单次1万元以下罚款除外）的，自处罚决定下达的次月起36个月内，不得享受本通知规定的增值税即征即退政策。

8.2 纳税申报过程中少缴税的风险防控

在纳税申报中，要防控多缴税的风险，更要防控少缴税的风险。因为多缴税不存在被处罚的问题，只要在3年内发现了都可以向税务机关申请退税。而企业如果少缴税，则可能会被认定为偷税，税务机关可以处少缴税款 5 倍以内的罚款。

在企业日常纳税申报时，造成少缴税的主要原因是办税人员不了解相关税种的风险点，这是由于对税法不熟悉造成的。另一个原因是办税人员不了解公司发生的业务应该做相应的税务处理，即做业务的不懂财税，而懂财税的没有参与业务操作，从而造成应纳税的事项未及时申报纳税。还有的是因为企业内部缺乏相互验证的内部控制流程，纳税申报缺少内部审核程序，由一人负责计算、审核和申报，一旦该人员疏忽大意，就可能造成少缴税款。

案例 8–2

行政罚款涉及企业所得税风险

某企业在企业所得税年度汇算清缴申报时，对于行政罚款需要做纳税调整，但会计人员在申报时因疏忽大意而忘记了将 5 万多元的罚款调增应纳税所得，造成少缴企业所得税。

如何做好税务风险防控，避免人为疏忽造成少缴税款？主要从懂得风险点、发现风险点，应对风险点三方面进行应对和防范。有效防止纳税申报少缴税的风险，关键是做到以下几点：

（1）办税人员要全面、深刻地理解税法，认识相关税种的风险点。了解风险点是防止风险的基础。

（2）办税人员在计算税款之前，要有权利和渠道及时发现风险点。发现风险点是处理风险的前提。

（3）为应对风险，计算过程要形成一种内在的制约和复核机制，具体办法是由两个人根据获得的信息分别计算应纳税额，计算结果如果一致，则进入纳税申报的复核过程；如果不一致，则要查找原因。

王德荣点醒： 为防范企业因疏忽造成的少缴税款，企业老板需要重视财税工作，学习财税知识，并且要求企业会计人员重视财税知识的学习，增强会计人员工作的责任心，加强业务人员和会计人员的业务和财税知识交流，对不明白的财税问题及时与财税专业人士和税务人员沟通。

8.3 享受税收优惠要谨慎

从2018年开始，为了方便纳税人，税法调整了对享受优惠的审核方法，除特殊几种情况外，企业可以自行申报享受税收优惠，这是非常有利于纳税人的措施。但同时也要求纳税人提高财税业务能力，避免因不符合条件多享受了税收优惠而被税务机关追缴税款。

1. 企业享受优惠事项的办理方式

采取“自行判别、申报享受、相关资料留存备查”的办理方式。

根据《企业所得税优惠政策事项办理办法》（国家税务总局公告2018年第23号发布）的要求，企业享受优惠事项采取“自行判别、申报享受、相关资料留存备查”的办理方式。企业应当根据经营情况以及相关税收规定自行判断是否符合优惠事项规定的条件，符合条件的可以按照《企业所得税优惠事项管理目录（2017 年版）》（以下简称《目录》）列示的时间自行计算减免税额，并通过填报企业所得税纳税申报表享受税收优惠。同时，按照该办法的规定归集和留存相关资料备查。

该办法所称留存备查资料，是指与企业享受优惠事项有关的合同、协议、凭证、证书、文件、账册、说明等资料。留存备查资料分为主要留存备查资料和其他留存备查资料两类。主要留存备查资料由企业按照《目录》列示的资料清单准备，其他留存备查资料由企业根据享受优惠事项情况自行补充准备。

企业享受优惠事项的，应当在完成年度汇算清缴后，将留存备查资料归集齐全并整理完成，以备税务机关核查。

企业同时享受多项优惠事项或者享受的优惠事项按照规定分项目进行核算的，应当按照优惠事项或者项目分别归集留存备查资料。

设有非法人分支机构的居民企业以及实行汇总纳税的非居民企业机构、场所享受优惠事项的，由居民企业的总机构以及汇总纳税的主要机构、场所负责统一归集并留存备查资料。分支机构以及被汇总纳税的非居民企业机构、场所按照规定可独立享受优惠事项的，由分支机构以及被汇总纳税的非居民企业机构、场所负责归集并留存备查资料，同时分支机构以及被汇总纳税的非居民企业机构、场所应在当完成年度汇算清缴后，将留存的备查资料清单送总机构以及汇总纳税的主要机构、场所汇总。

企业对优惠事项留存备查资料的真实性、合法性承担法律责任。

企业留存备查资料应从企业享受优惠事项当年的企业所得税汇算清缴期结束次日起保留 10 年。

企业享受优惠事项后，税务机关将适时开展后续管理。在后续管理时，企业应当根据税务机关管理服务的需要，按照规定的期限和方式提供留存备查资料，以证实享受优惠事项符合条件。

例如，享受集成电路生产企业、集成电路设计企业、软件企业、国家规划布局内的重点软件企业和集成电路设计企业等优惠事项的企业，应当在完成年度汇算清缴后，按照《目录》“后续管理要求”项目中列示的清单向税务机关提交资料。

又如，按照《财政部、国家税务总局发展改革委工业和信息化部关于软件和集成电路产业企业所得税优惠政策有关问题的通知》（财税〔2016〕49 号）的有关规定，享受《目录》第 30 至 31 项、第 45 至 53 项、第 56 至 57 项软件和集成电路产业优惠事项的，企业应当在汇算清缴后按照《目录》“后续管理要求”项目中列示的资料清单向税务部门提交资料，提交资料时间不得超过本年度汇算清缴期。举例来说，某企业享受《目录》第 45 项优惠事项，在 2018 年 4 月 30 日完成 2017 年度企业所得税纳税申报和缴纳税款，该企业应在 4 月 30 日同步将留存备查资料归集和整理完毕，并在 2018 年 5 月 31 日前按照第 45 项优惠事项“后续管理要求”项目中列示的资料清单向税务机关提交相关资料。

企业享受优惠事项后发现其不符合优惠事项规定条件的，应当依法及时自行调整并补缴税款及滞纳金。

企业未能按照税务机关要求提供留存备查资料，或者提供的留存备查资料与实际生产经营情况、财务核算情况、相关技术领域、产业、目录、资格证书等不符，无法证实符合优惠事项规定条件的，或者存在弄虚作假情况的，税务机关将依法追缴其已享受的企业所得税优惠，并按照《中华人民共和国税收征收管理法》等相关规定处理。

王德荣点醒：企业享受优惠事项采取“自行判别、申报享受、相关资料留存备查”的办理方式后，是否符合税法规定的享受条件需要企业自行判断，如果企业判断有误而享受了不应享受的优惠，补税的风险就由企业自己承担。

2. 部分税收优惠列举

企业享受的税收优惠还是比较多的，部分列举如下：

（1）农、林、牧、渔业项目所得减免企业所得税，主要是农产品初加工项目、“公司 + 农户”经营模式的项目。

（2）企业购置环境保护、节能节水、安全生产等专用设备投资额抵免应纳税额。

（3）从事符合条件的环境保护、节能节水项目所得减免企业所得税。

（4）符合条件的技术转让所得减免企业所得税。

（5）符合条件的固定资产加速折旧或缩短折旧年限［《国家税务总局关于企业固定资产加速折扣所得税处理有关问题的通知》（国税

发〔2009〕81号）]。

（6）企业综合利用资源，生产符合国家产业政策规定产品计算应纳税所得额时减计收入。

（7）对按照无形资产核算的软件，如按两年期限摊销，应经当地税务备案才能享受。

（8）西部大开发税收优惠政策中的优惠（部分地方可能需要审批）。

（9）其他需报税务机关备案的税收优惠项目。

企业如果要享受上述税收优惠，必须对照相应的税收文件，按照文件中确定的条件和程序进行申报享受。

8.4 个人所得税申报中的典型问题

在企业的纳税申报中，除了企业的自行纳税申报事项之外，还涉及为员工代扣缴个人所得税的申报事项。个人所得税的涉税事项比较多，我们在此对个税申报中的典型问题做介绍，以方便大家了解和应对。

1. 企业赠送礼品的个人所得税事项

根据《财政部 税务总局关于继续有效的个人所得税优惠政策目录

的公告》（财政部 国家税务总局公告 2018 年第 177 号）的规定，《财政部 国家税务总局关于企业促销展业赠送礼品有关个人所得税问题的通知》（财税〔2011〕50 号）继续有效。企业赠送礼品应代扣代缴个人所得税，是企业应关注的事项。

根据税法规定，企业向个人赠送礼品，属于下列情形之一的，取得该项所得的个人应依法缴纳个人所得税，税款由赠送礼品的企业代扣代缴：

（1）企业在业务宣传、广告等活动中，随机向本单位以外的个人赠送礼品，对个人取得的礼品所得，按照“其他所得”项目[1]，全额适用 20% 的税率缴纳个人所得税。

（2）企业在年会、座谈会、庆典以及其他活动中向本单位以外的个人赠送礼品，对个人取得的礼品所得，按照“其他所得”项目，全额适用 20% 的税率缴纳个人所得税。

（3）企业对累积消费达到一定额度的顾客，给予额外抽奖机会，个人的获奖所得，按照“偶然所得”项目，全额适用 20% 的税率缴纳个人所得税。

企业赠送的礼品是自产产品（服务）的，按该产品（服务）的市场销售价格确定个人的应税所得；是外购商品（服务）的，按该商品（服务）的实际购置价格确定个人的应税所得。

---

[1] 此项目已在 2019 年施行的《中华人民共和国个人所得税法》中被取消，《财政部 税务总局关于个人取得有关收入适用个人所得税应税所得项目的公告》（财政部 税务总局公告 2019 年第 74 号）对原归于“其他所得”项目的各种收入的征税办法予以明确。其中，个人取得的礼品所得，按照“偶然所得”项目征收个人所得税。

案例 8-3

赠送客户保温水杯应代扣个税的认定

某企业在业务宣传中需要赠送客户保温水杯，每个水杯 150 元，共 200 个，共计花费 3 万元人民币采购完毕，并在业务活动中赠送完成。后税务稽查发现该赠送行为属于财税〔2011〕50 号文件规定中应代扣代缴个人所得税的事项，但企业并未代扣代缴企业所得税，因此要求企业代扣代缴。但企业这时已无法向客户收取该部分税款（实际业务活动中也不会向客户收取该部分税款），只能自己承担，税款为 6 000 元。同时，税务机关还对其未代扣代缴的行为处以 0.5 倍的罚款。

王德荣点醒：对于在各类活动中赠送给个人的商品或服务，企业一定要按照按财税〔2011〕50 号文件的要求代缴扣缴个人所得税，这是企业容易忽略的事项。并且 2018 年《中华人民共和国个人所得税法》修改后，该文件继续有效，财政部 税务总局公告 2019 年第 79 号又及时出台，这就表明国家对这方面业务个税扣缴是十分重视的，作为企业老板一定要高度重视。

对于上述税务风险，企业老板一定要注意。应要求业务人员在发生业务宣传等事项时，将个人所得税的事项在预算中予以考虑（即将 6 000 元的税款列入业务预算），在业务活动结束后主动到税务机关办理代扣代缴，以免被补税并处罚。

2. 个人取得公务交通、通讯补贴收入的税务处理

根据《国家税务总局关于个人所得税有关政策问题的通知》(国税发〔1999〕58号)的规定，个人因公务用车和通讯制度改革，以现金、报销等形式取得的公务用车、通讯补贴收入，扣除一定标准的公务费用后，分以下两种方式处理：

(1)按月发放的，并入当月“工资、薪金”所得扣缴个人所得税；

(2)不按月发放的，分解到所属月份并与该月份“工资、薪金”所得合并后计征个人所得税。

公务费用的扣除标准，由省级税务机关根据纳税人公务交通、通讯费用的实际发生情况调查测算，报经省级人民政府批准后确定，并报国家税务总局备案。

如果以报销私家车油费的方式发放交通补贴，按当地标准扣除公务费用后缴纳个人所得税。

之所以要扣除一定标准，是因为包括公务用车补贴在内的公务交通补贴中包含一定比例的公务费用，这部分公务费用应由公司承担，不构成员工的个人所得，也不征收个人所得税。

这里给出天津的标准供大家参考。《天津市地方税务局关于个人取得通讯补贴收入有关个人所得税政策的公告》(天津市地方税务局公告2017年第7号)明确：以现金形式发放给个人的办公通讯补贴，或以报销方式支付给个人的办公通讯费用，费用扣除标准为每月不超过500元(含500元)。其中，机关、事业单位发放给个人的办公通讯补贴，费用扣除标准为天津市财政、人力社保部门规定的发放标准，但

每月最高不得超过 500 元（含 500 元）。

王德荣点醒：对于个人取得公务交通、通讯补贴收入的个税扣缴，各地的执行标准不同，由于国税发〔1999〕58 号文件已执行多年，各地税务机关都有较为成熟的标准和经验，只要主动咨询主管税务机关就可以得到较为明确的答案。

3. 免费旅游的个人所得税处理

根据《财政部 国家税务总局关于企业以免费旅游方式提供对营销人员个人奖励有关个人所得税政策的通知》（财税〔2004〕11 号）的规定，对商品营销活动中，企业和单位对营销业绩突出人员以培训班、研讨会、工作考察等名义组织旅游活动，通过免收差旅费、旅游费对个人实行的营销业绩奖励（包括实物、有价证券等），应根据所发生费用全额计入营销人员应税所得，依法征收个人所得税，并由提供上述费用的企业和单位代扣代缴。其中，对企业雇员享受的此类奖励，应与当期的工资薪金合并，按照“工资、薪金所得”项目征收个人所得税；对其他人员享受的此类奖励，应作为当期的劳务收入，按照“劳务报酬所得”项目征收个人所得税。

王德荣点醒：利用旅游方式进行奖励的方式要纳税个税后，企业提供免费旅游的已不多。由于财税〔2004〕11 号文件是多年前公布的，所以在此专门提醒大家，企业提供免费旅游还是要缴个税的。

4. 差旅费津贴、误餐补助的个人所得税处理

根据《国家税务总局关于印发〈征收个人所得税若干问题的规定〉的通知》(国税发〔1994〕89号)的规定，差旅费津贴、误餐补助不属于工资、薪金性质的补贴、津贴或者不属于纳税人本人工资、薪金所得项目的收入，不征税。

但是，对误餐补助范围，《财税部 国家税务总局关于该餐补助范围确定问题的通知》(财税字〔1995〕82号)明确：国税发〔1994〕89号文件规定不征税的误餐补助，是指按财政部门规定，个人因公在城区、郊区工作，不能在工作单位或返回就餐，确实需要在外就餐的，根据实际误餐顿数，按规定的标准领取的误餐费。一些单位以误餐补助名义发给职工的补贴、津贴，应当并入当月工资、薪金所得计征个人所得税。

基于上述规定，企业误餐补助不应该以工资的形式发放，如果是以工资形式发放的，必须扣缴个税。企业凭发票报销误餐费的，尽管也可能被补税，但比以工资形式直接发放要好些。

误餐补助与目前有的企业发放的午餐补助不是一回事。午餐补助如果是人人有份并发放到工资中的，是需要缴纳个税的。

差旅费津贴不征个人所得税，但很多地方税务机关按当地政府下发的出差补助的标准，对标准内的不征税，超过标准的征个税。

王德荣点醒：对于误餐补助的理解不能扩大范围，如果企业按月发放属于人人有份的餐费补助，不管以什么形式发放，都有可能被税务机关认定为不属于误餐

补助而补缴个税。差旅费津贴如果是按当地政府公布的公务员差旅费津贴标准在报销差旅费时报销发放的，税务机关一般会认可。

5. 个税扣缴手续费是否缴增值税

一些地方规定要按《营业税改征增值税试点实施办法》附件《销售服务、无形资产、不动产注释》中“商务辅助服务”税目下的“经纪代理服务”缴增值税。

国家税务总局对此暂未明确。笔者个人意见，在已明确的省要缴，未明确的可以咨询主管税务机关的意见。

目前查到 5 个地方的税务机关有明确，其他地方尚没有要缴的明确规定。

（1）深圳市税务机关在网站上的回复。

> 问：纳税人代扣代缴个人所得税取得的手续费返还，是否需要缴纳增值税？
>
> 答：根据现行税收法规，代扣代缴个人所得税的手续费返还应按照“商务辅助服务——经纪代理服务”缴纳增值税。

（资料来源：http://www.szgs.gov.cn/art/2016/7/13/art_125_44771.html.）

（2）福建省税务机关的口径。

福建 12366 营改增热点问答中有这样的内容：

问：我公司为员工代扣代缴个人所得税，收到地税部门返还的手续费，需要缴纳增值税么？税率多少？

答：需要按照提供经纪代理服务征收增值税，税率6%，征收率3%。

（3）内蒙古自治区税务机关的口径。

一、代扣代缴个人所得税的手续费返还纳税问题

根据现行税收法规，代扣代缴个人所得税的手续费返还应按照“商务辅助服务——经纪代理服务”缴纳增值税。

（4）厦门市税务机关的口径。

问：代扣代缴个人所得税返还的手续费收入如何征税？

答：代扣代缴个人所得税的手续费返还应按照“商务辅助服务——代理经纪服务”缴纳增值税。

（5）重庆市税务机关的口径。

重庆营改增政策指引（二）中有这样的内容：

问：银行销项税方面，一是关于“三代”手续费是否计税，我们通过所、区局向上进行了反映，目前为止的政策还不明朗；二是金融业存在大量与业务联系紧密的赠送行为，是否均要视同销售，例如客户使用我们的信用卡或其他产品，达到一定金额或次数或积分，我们赠送一些小礼品或者是电话费或者是洗车服务等诸如此类的促销活动，是否要视同销售，视同销售的准确标准或解释口径是什么，部分省国税部门已出台对金融业视同销售（或不视同销售）的口径，期望市局能早日给出一个清晰的口径，

避免纳税人因政策理解不清造成的多缴或漏缴增值税。

答：财行〔2005〕365号规定，“三代”（代扣代缴、代收代缴、委托代征）单位取得的手续费收入应该单独核算，计入本单位收入，用于三代管理支出，也可以适当奖励相关工作人员。依照财税〔2016〕36号文件规定，“三代”服务属于现代服务中的经纪代理服务，应按6%税率缴纳增值税。

王德荣点醒：个税扣缴手续费是否要缴纳增值税的问题，各地政策不尽相同，因此企业要以主管税务机关的意见为准。

6. 企业取得个税扣缴手续费的企业所得税处理

《财政部 税务总局 人民银行关于进一步加强代扣代收代征税款手续费管理的通知》（财行〔2019〕11号）第三条第（一）项规定：法律、行政法规规定的代扣代缴税款，税务机关按不超过代扣税款的2%支付手续费，且支付给单个扣缴义务人年度最高限额70万元，超过限额部分不予支付。对于法律、行政法规明确规定手续费比例的，按规定比例执行。

《中华人民共和国企业所得税法》第六条规定，企业以货币形式和非货币形式从各种来源取得的收入，为收入总额。

将手续费奖励给个人是否要缴个人所得税？

根据《财政部 国家税务总局关于个人所得税若干政策问题的通知》（财税字〔1994〕20号）第二条第（五）项的规定，个人办理代扣代缴税款手续，按规定取得的扣缴手续费暂免征收个人所得税。因此，单位将取得的代扣代缴个人所得税手续费用于奖励给直接从事个人所得税代扣代缴工作的员工个人，该部分收入可以暂免征收个人所得税。

需注意的是，给予暂免征收待遇的仅是办理代扣代缴手续的相关人员按规定取得的扣缴手续费，如果公司将此款项作为奖金或者集体福利性质奖励给非相关人员，则应并入员工当期工资薪金计征个人所得税。

王德荣点醒： 企业在取得个税扣缴手续费后，应注意计入收入总额缴纳企业所得税。发放给直接从事个人所得税代扣代缴工作的员工个人的作为企业成本列入员工工资薪金，员工取得的该部分收入免征个税。

7. 股东和员工向公司借款如何征收个人所得税

案例 8–4

股东和员工向公司借款应当缴纳个人所得税

A 公司向员工提供无息借款，一次性借给员工和股东 10 万元，约定 5 年内还清，每年归还公司 2 万元。

本案例涉税项目：对于公司来讲要视同销售缴纳增值税；对员工个人来讲，借款年度年末未还清的部分要作为工资薪金缴纳个税。

根据《财政部 国家税务总局关于企业为个人购买房屋或其他财产征收个人所得税问题》（财税〔2008〕83 号）和《财政部 国家税务总

局关于规范个人投资个人所得税征收管理的通知》(财税〔2003〕158号)的规定，企业借款给股东，股东在年度终了后未归还借款的，应按股息红利所得计征个人所得税；如果是企业员工取得的上述所得，则按照“工资、薪金所得”项目计征个人所得税。

税法为防止个人从公司取得收入不缴个税，出台了各种规定，以堵住避税的漏洞。目前的税法规定已将员工、股东或其家庭成员向公司借款未还、公司借款给上述人员买房或购买其他财产都纳入了征税的范围，因此，企业老板要特别关注这些规定。

企业经常发生的事项是企业老板向企业借款长期未还，而税法规定如果老板向企业借款，借款年度终了后未归还借款的，就视同分红缴纳个税。这个规定是比较严格的，作为企业老板一定要注意遵守。

王德荣点醒：企业老板向企业借款在纳税年度终了后既不归还，又未用于企业生产经营的情况是时常发生的，但老板们对因此要缴个税的规定不一定都了解。在此提醒大家，如果有此情况，可选择在年底前先归还，第二年再借，这样可以避免落入税法规定的征税范围。

附：相关法律依据

财政部 国家税务总局关于企业为个人购买房屋或其他财产征收个人所得税问题的批复

（财税〔2008〕83号）

一、根据《中华人民共和国个人所得税法》和《财政部 国家税务总局关于规范个人投资者个人所得税征收管理的通知》（财税〔2003〕158号）的有关规定，符合以下情形的房屋或其他财产，不论所有权人是否将财产无偿或有偿交付企业使用，其实质均为企业对个人进行了实物性质的分配，应依法计征个人所得税。

（一）企业出资购买房屋及其他财产，将所有权登记为投资者个人、投资者家庭成员或企业其他人员的；

（二）企业投资者个人、投资者家庭成员或企业其他人员向企业借款用于购买房屋及其他财产，将所有权登记为投资者、投资者家庭成员或企业其他人员，且借款年度终了后未归还借款的。

二、对个人独资企业、合伙企业的个人投资者或其家庭成员取得的上述所得，视为企业对个人投资者的利润分配，按照“个体工商户的生产、经营所得”项目计征个人所得税；对除个人独资企业、合伙企业以外其他企业的个人投资者或其家庭成员取得的上述所得，视为企业对个人投资者的红利分配，按照“利息、股息、红利所得”项目计征个人所得税；对企业其他人员取得的上述所得，按照“工资、薪金所得”项目计征个人所得税。

财政部 国家税务总局关于规范个人投资个人所得税征收管理的通知

（财税〔2003〕158号）

一、关于个人投资者以企业（包括个人独资企业、合伙企业和其他企业）资金为本人、家庭成员及其相关人员支付消费性支出及购买家庭财产的处理问题

个人独资企业、合伙企业的个人投资者以企业资金为本人、家庭成员及其相关人员支付与企业生产经营无关的消费性支出及购买汽车、住房等财产性支出，视为企业对个人投资者的利润分配，并入投资者个人的生产经营所得，依照“个体工商户的生产经营所得”项目计征个人所得税。

除个人独资企业、合伙企业以外的其他企业的个人投资者，以企业资金为本人、家庭成员及其相关人员支付与企业生产经营无关的消费性支出及购买汽车、住房等财产性支出，视为企业对个人投资者的红利分配，依照“利息、股息、红利所得”项目计征个人所得税。

企业的上述支出不允许在所得税前扣除。

二、关于个人投资者从其投资的企业（个人独资企业、合伙企业除外）借款长期不还的处理问题

纳税年度内个人投资者从其投资企业（个人独资企业、合伙企业除外）借款，在该纳税年度终了后既不归还，又未用于企业生产经营的，其未归还的借款可视为企业对个人投资者的红利分配，依照“利息、股息、红利所得”项目计征个人所得税。

8.5 企业未依法代扣代缴个人所得税的风险

企业作为个人所得税的代扣代缴义务人，风险是比较大的，因为税法的规定比较明确，责任基本都在企业，尽管未缴税的个人也有责任，但作为企业是无法逃避责任的，因此要特别关注。

企业作为个人所得税扣缴义务人的法律责任十分明确。根据税法的规定，企业应扣未扣、应收而不收税款的，由税务机关向纳税人追缴税款，对扣缴义务人处应扣未扣、应收未收税款50%以上3倍以下的罚款。企业除被税务机关按《中华人民共和国税收征收管理法》及其实施细则的有关规定给予处罚外，还应当在税务机关的期限内将应扣未扣、应收未收的税款补扣或补收。

税法相关依据如下：

（1）《中华人民共和国个人所得税法》第十一条规定：

居民个人取得综合所得，按年计算个人所得税；有扣缴义务人的，由扣缴义务人按月或者按次预扣预缴税款；需要办理汇算清缴的，应当在取得所得的次年三月一日至六月三十日内办理汇算清缴。预扣预缴办法由国务院税务主管部门制定。

居民个人向扣缴义务人提供专项附加扣除信息的，扣缴义务人按月预扣预缴税款时应当按照规定予以扣除，不得拒绝。

（2）《中华人民共和国税收征收管理法》第六十九条规定：

扣缴义务人应扣未扣、应收而不收税款的，由税务机关向纳税人追缴税款，对扣缴义务人处应扣未扣、应收未收税款百分之五十以上三倍以下的罚款。

（3）《国家税务总局关于贯彻〈中华人民共和国税收征收管理法〉及其实施细则若干具体问题的通知》（国税发〔2003〕47号）规定：

负有代扣代缴义务的单位和个人，在支付款项时应按照征管法及其实施细则的规定，将取得款项的纳税人应缴纳的税款代为扣缴，对纳税人拒绝扣缴税款的，扣缴义务人应暂停支付相当于纳税人应纳税款的款项，并在一日之内报告主管税务机关。

负有代收代缴义务的单位和个人，在收取款项时应按照征管法及其实施细则的规定，将支付款项的纳税人应缴纳的税款代为收缴，对纳税人拒绝给付的，扣缴义务人应在一日之内报告主管税务机关。

扣缴义务人违反征管法及其实施细则规定应扣未扣、应收未收税款的，税务机关除按征管法及其实施细则的有关规定对其给予处罚外，应当责成扣缴义务人限期将应扣未扣、应收未收的税款补扣或补收。

王德荣点醒：企业作为付款方，一定要注意扣缴责任。有的企业将款项全部支付给个人，让个人自己去申报纳税，这种做法并不能免除企业的代扣代缴的责任，如果个人没有去申报纳税的话，税务机关还是会先来找企业，要求企业承担税法的义务。因此，企业一定要认真履行自己的扣缴义务，不要推给他人。

案例 8–5

企业因未履行代扣代缴义务被处罚

基本案情

合肥晨阳橡塑有限公司（以下简称晨阳公司）成立于 2003 年 5 月 22 日。2011 年，安徽长丰县地税局稽查局对晨阳公司 2008 年至 2010 年度的纳税情况进行检查。通过检查发现下列问题：

（1）晨阳公司 2009 年至 2010 年未按规定代扣代缴工资、薪金所得个人所得税 73 412.5 元；

（2）晨阳公司 2009 年至 2010 年未按规定申报缴纳已代扣的工资、薪金所得个人所得税 10 253.06 元；

（3）晨阳公司 2008 年 5 月以资本公积 500 万元转增股本，未按规定代扣代缴股息、红利所得个人所得税 100 万元。

税务处理决定：2013 年 12 月 12 日，长丰县地税局稽查局向晨阳公司送达了《税务处理决定书》及《税务行政处罚事项告知书》。2013 年 12 月 19 日，长丰县地税局稽查局向晨阳公司作出了长地税稽罚（2013）4 号《税务行政处罚决定书》，对晨阳公司上述（1）至（3）项违法行为分别处以税务行政罚款。

纳税人缴税及交罚款：2014 年 1 月 10 日，晨阳公司缴纳了 2009 年至 2010 年未按规定申报缴纳已代扣的工资、薪金所得个人所得税 10 253.06 元及罚款 5 126.53 元，同日缴纳了 2009 年至 2010 年未按规定代扣代缴的工资、薪金所得个人所得税 73 412.15 元及罚款 36 706.08 元。

晨阳公司不服长地税稽罚（2013）4 号《税务行政处罚决定书》对晨阳公司因未代扣代缴股息、红利所得个人所得税而做出的罚款决定，向长丰县人民法院（以下简称一审法院）提起行政诉讼，请求撤销长地税稽罚（2013）4 号《税务行政处罚决定书》。

法院判决

一审：一审法院经审理认为，长丰县地税局稽查局作出的长地税稽罚（2013）4 号《税务行政处罚决定书》依据的事实清楚，证据充分，并且符合其法定职权，适用法律正确，判决驳回晨阳公司的诉讼请求。

二审：晨阳公司不服一审法院作出的一审判决，向合肥市中级人民法院（以下简称二审法院）提起上诉。二审法院经审理认为，根据《中华人民共和国税收征收管理法》及其实施细则的规定，税务局稽查局专司偷税、逃避缴纳欠税、骗税、抗税案件的查处，长丰县地税局稽查局作出长地税稽罚（2013）4 号《税务行政处罚决定书》的处罚内容不属于稽查局的法定职责，因此，其行为属于超越职权，判决撤销一审判决，并撤销长地税稽罚（2013）4号《税务行政处罚决定书》。

二审法院认为，税务机关行为超越职权，属于行政违法行为。二审判决后、税务机关认为二审法院判决有误、申请再审。

再审法院认定结果及判决书如下：

①再审判决结果：经合肥市中院再审决定，长丰县地税稽查局具有查处本案晨阳公司税务违法行为的法定职权，不属于超越职权的执法行为。

②再审判决书（附于本章章末）。

（资料来源：http://www.dlsstax.com/index.php?m=Index&c=Content&a=index&mid=1&cid=631&aid=3517.）

王德荣点醒：企业代扣代缴个税是直接的法律责任，不依法代扣代缴将面临处罚的风险，同时税务机关的稽查局有权对企业代扣代缴的情况进行稽查、处罚和追缴，作为企业老板一定要注意防范该风险。

8.6 境外服务和涉外股权转让的税务扣缴事项

企业接受境外服务的事项时有发生，作为付款方，企业也存在代扣代缴增值税和企业所得税或个人所得税的义务。由于企业接受的境外企业或机构的服务有的发生在中国境内，有的全部发生在中国境外，这就使得履行扣缴义务的难度加大。企业要先区分是否存在扣缴义务然后再扣缴。下面就来介绍如何认定企业是否有扣缴义务。

1. 如何认定发生在境外的销售服务不扣缴增值税

支付给境外机构的设计费、认证费、销售佣金等，如何认定这些费用是为发生在境外的销售服务支付的？是否扣缴增值税？

从目前的观点看，有两种处理意见：

一种观点认为：增值税对收入来源应遵循属地兼属人的原则，只要服务的销售方和购买方任何一方在中国境内，就属于增值税征税范围。

另一种观点认为：尽管购买方在中国境内，但只要销售方和服务发生地不在中国境内，就不属于增值税的征税范围。

我们认可第一种观点。除国家文件明确不征增值税的外，只要销售方和购买方任何一方在中国境内，就属于增值税征税范围，企业在对外支付服务费时都应代扣代缴企业所得税。

2. 增值税上，境内销售服务的判定原则

（1）境内的单位或者个人销售的服务（不含租赁不动产）属于在境内销售服务，即遵循属人原则。

也就是说，境内的单位或者个人销售的服务（不含租赁不动产），

无论服务购买方为境内单位或者个人还是境外单位或者个人，无论服务发生在境内还是境外，都属于在境内销售服务。

（2）境外单位或者个人向境内单位或者个人销售的未完全在境外发生的服务（不含租赁不动产），属于在境内销售服务。

对于境外单位或者个人来说，其销售的服务（不含租赁不动产）在以下两种情况下属于在境内销售服务，应照章缴纳增值税：

第一，境外单位或者个人向境内单位或者个人销售的完全在境内发生的服务，属于在境内销售服务。例如，境外某工程公司到境内给境内某单位提供工程勘察勘探服务。

第二，境外单位或者个人向境内单位或者个人销售的未完全在境外发生的服务，属于在境内销售服务。例如，境外某咨询公司与境内某公司签订咨询合同，就这家境内公司开拓境内、境外市场进行实地调研并提出合理化管理建议，境外咨询公司提供的咨询服务同时在境内和境外发生。

（3）境外单位或者个人销售的服务（不含租赁不动产），属于下列情形的，不属于在境内销售服务，不缴纳增值税：

①境外单位或者个人向境外单位或者个人销售服务。例如，美国一咨询公司为德国一公司提供咨询服务。

②境外单位或者个人向境内单位或者个人销售完全在境外发生的服务。例如，境外单位向出境旅游的境内个人提供餐饮、住宿服务。

③境外单位或者个人向境内单位或者个人出租完全在境外使用的

有形动产。例如，境外汽车租赁公司向赴境外旅游的中国居民出租小汽车供其在境外自驾游。

（4）境内租赁不动产的判定原则。

只要所租赁的不动产在境内，无论出租方是否为境内单位或者个人，无论承租方是否为境内单位或者个人，均属于在境内租赁不动产。例如，英国一公司将其拥有的我国境内一处办公楼出租给韩国一公司。

相关税法依据如下：

（1）《营业税改征增值税试点实施办法》（财税〔2016〕36号文件附件1）规定：

第六条 中华人民共和国境外（以下称境外）单位或者个人在境内发生应税行为，在境内未设有经营机构的，以购买方为增值税扣缴义务人。财政部和国家税务总局另有规定的除外。

第十二条 在境内销售服务、无形资产或者不动产，是指：

（一）服务（租赁不动产除外）或者无形资产（自然资源使用权除外）的销售方或者购买方在境内；

第十三条 下列情形不属于在境内销售服务或者无形资产：

（一）境外单位或者个人向境内单位或者个人销售完全在境外发生的服务。

（二）境外单位或者个人向境内单位或者个人销售完全在境外使用的无形资产。

（三）境外单位或者个人向境内单位或者个人出租完全在境外使用的有形动产。

（四）财政部和国家税务总局规定的其他情形。

（2）《国家税务总局关于营改增试点若干征管问题的公告》（国家税务总局公告 2016 年第 53 号）规定：

一、境外单位或者个人发生的下列行为不属于在境内销售服务或者无形资产：

（一）为出境的函件、包裹在境外提供的邮政服务、收派服务；

（二）向境内单位或者个人提供的工程施工地点在境外的建筑服务、工程监理服务；

（三）向境内单位或者个人提供的工程、矿产资源在境外的工程勘察勘探服务；

（四）向境内单位或者个人提供的会议展览地点在境外的会议展览服务。

（3）《12366 管改增专题业务培训参考材料》（税总纳便函〔2016〕71 号文件附件 2）明确规定：

第二部分　征税范围

（一）在境内。什么是在境内？实施办法的第十二条有明确规定，对于服务或无形资产（除自然资源使用权外）来说，销售方和购买方任何一方在境内，就属于增值税征税范围，那么如果买卖双方都在境外，例如德国企业为法国公司提供的咨询服务，就不属于增值税征税范围。对于不动产的租赁和销售，以及自然资源使用权的转让，是否征税取决于自然资源或者不动产是不是在境内，无论买卖双方是不是在境内，这个原则和上面说到的服务和无形资产是有差别的。这里举一个例子，假设境外单位 A 向境外单位 B 出售一栋位于北京的大楼，由于大楼在我国境内，尽管买卖双方都不是境内的单位和个人，仍应按销售不动产缴纳增值税。

王德荣点醒：目前国家税务总局只用部分文件列举了不属于在境内销售服务有哪些，而不在列举范围内的就要求企业自己判定，这是有较大难度的。企业在不好判定时，请咨询财税专业人士或主管税务机关，以免发生税务风险。

3. 如何认定发生在境外的销售服务不扣缴所得税

（1）按劳务发生地判断。

根据税法的规定，提供劳务所得，按照劳务发生地确定是否属于来源于中国境内的所得。只要劳务发生地在中国境内就属于来源于中国的所得，企业在支付相关服务费时，应代扣代缴企业所得税。

大家一定要注意，如果劳务是发生在境外的，但是购买方在中国境内并由中国境内负担或支付服务费，则不需要代扣代缴企业所得税，只需要代扣代缴增值税即可。

（2）企业如何履行代扣代缴的义务。

企业应在以下两种情况之一发生时履行代扣代缴的义务。

一是企业向境外支付款项。企业应当自扣缴义务发生之日起 7 日内向扣缴义务人所在地主管税务机关申报和解缴代扣税款。

二是企业发生到期应支付而未支付的情况。

《国家税务总局关于非居民企业所得税管理若干问题的公告》（国

家税务总局公告2011年第24号）规定：

中国境内企业（以下称为企业）和非居民企业签订与利息、租金、特许权使用费等所得有关的合同或协议，如果未按照合同或协议约定的日期支付上述所得款项，或者变更或修改合同或协议延期支付，但已计入企业当期成本、费用，并在企业所得税年度纳税申报中作税前扣除的，应在企业所得税年度纳税申报时按照企业所得税法有关规定代扣代缴企业所得税。

如果企业上述到期未支付的所得款项，不是一次性计入当期成本、费用，而是计入相应资产原价或企业筹办费，在该类资产投入使用或开始生产经营后分期摊入成本、费用，分年度在企业所得税前扣除的，应在企业计入相关资产的年度纳税申报时就上述所得全额代扣代缴企业所得税。

如果企业在合同或协议约定的支付日期之前支付上述所得款项的，应在实际支付时按照企业所得税法有关规定代扣代缴企业所得税。

该公告第二条规定：

非居民企业取得来源于中国境内的担保费，应按照企业所得税法对利息所得规定的税率计算缴纳企业所得税。上述来源于中国境内的担保费，是指中国境内企业、机构或个人在借贷、买卖、货物运输、加工承揽、租赁、工程承包等经济活动中，接受非居民企业提供的担保所支付或负担的担保费或相同性质的费用。

其他税法依据如下：

①《中华人民共和国企业所得税法实施条例》第七条规定：

企业所得税法第三条所称来源于中国境内、境外的所得，按照以下原则确定：……提供劳务所得，按照劳务发生地确定；……

②《国家税务总局关于非居民所得税源泉扣缴有关问题的公告》（国家税务总局公告 2017 年第 37 号）规定：

七、扣缴义务人应当自扣缴义务发生之日起 7 日内向扣缴义务人所在地主管税务机关申报和解缴代扣税款。扣缴义务人发生到期应支付而未支付情形，应按照《国家税务总局关于非居民企业所得税管理若干问题的公告》（国家税务总局公告 2011 年第 24 号）第一条规定进行税务处理。

王德荣点醒：发生境外服务的企业所得税的确定相比较增值税来说要明确一些，税法规定：提供劳务所得，按照劳务发生地确定。因此劳务发生地在境外的，就不属于来源于中国的所得，不需要代扣代缴企业所得税。

（3）在计算应源泉扣缴的非居民企业应纳税款时，如何进行外汇换算。

在企业中，老板是掌舵人，大的业务都是老板出面谈定的，特别是股权收购事项。境内企业在收购境外企业股权时，作为付款方，有代扣代缴境外企业的股权转让企业所得税的义务，如果合同约定购买的价格以外币计算，在扣缴企业所得税时就有外汇换算的问题，一旦外汇换算错误就会造成少缴企业所得税。

在我们提供咨询服务的过程中，就发生了某企业由于外汇换算错误而被税务机关补缴税款的事项，但是补缴的税款是否能从转让方要回来，就难说了。下面介绍如何进行外汇换算。

国家税务总局公告2017年第37号对外汇换算作出了规定：

> 四、扣缴义务人支付或者到期应支付的款项以人民币以外的货币支付或计价的，分别按以下情形进行外币折算：
>
> （一）扣缴义务人扣缴企业所得税的，应当按照扣缴义务发生之日人民币汇率中间价折合成人民币，计算非居民企业应纳税所得额。扣缴义务发生之日为相关款项实际支付或者到期应支付之日。
>
> （二）取得收入的非居民企业在主管税务机关责令限期缴纳税款前自行申报缴纳应源泉扣缴税款的，应当按照填开税收缴款书之日前一日人民币汇率中间价折合成人民币，计算非居民企业应纳税所得额。
>
> （三）主管税务机关责令取得收入的非居民企业限期缴纳应源泉扣缴税款的，应当按照主管税务机关作出限期缴税决定之日前一日人民币汇率中间价折合成人民币，计算非居民企业应纳税所得额。

除将扣缴当日限定为扣缴义务发生当日外，该公告第四条第（一）项规定沿用了原国税发〔2009〕3号文件（已废止）第九条的规定，并明确扣缴义务发生之日为相关款项实际支付或者到期应支付之日。

此外，如果应源泉扣缴税款由非居民企业纳税人申报缴纳，按照该公告第四条第（二）项和第（三）项的规定，应当分别按纳税人自行申报缴纳税款和主管税务机关责令限期缴纳税款两种情形处理。

为进一步简化外汇换算，该公告第五条替代了原国税函〔2009〕698号文件第四条。根据新的规定，财产转让收入或财产净值以人民币以外的货币计价的，分扣缴义务人扣缴税款、纳税人自行申报缴纳税款和主管税务机关责令限期缴纳税款三种情形处理。具体办法是：

先将以非人民币计价项目金额按照该公告第四条规定的时点汇率折合成人民币金额；再按《企业所得税法》第十九条第二项及相关规定计算非居民企业财产转让所得应纳税所得额。

案例 8-6

纳税时如何换算汇率

境外 A 企业为非居民企业，境内 B 企业和 C 企业为居民企业，A 企业经过前后两次投资 C 企业，合计持有 C 企业 40% 的股权。见图 8-1。

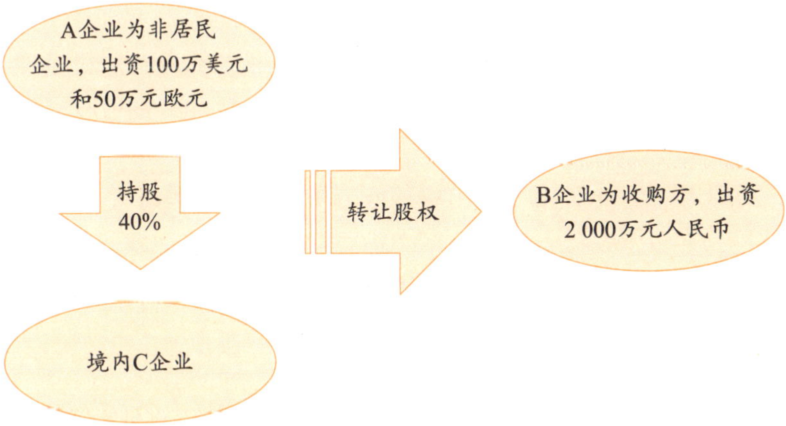

图 8-1　股权持有及转让情况

2008 年 8 月 1 日 A 企业第一次出资 100 万美元（假设当时人民币汇率中间价为：1 美元 =8.6 元人民币），2010 年 9 月 1 日第二次投资 50 万欧元（假设当时人民币汇率中间价为：1 欧元 =8.9 元人民币）。

2016 年 1 月 10 日 A 企业以 2 000 万元人民币将该项股权转让给 B 企业，合同于当天生效。B 企业于 2016 年 1 月 15 日向 A 企业支付了股权转让款 2 000 万元，假设 2016 年 1 月 15 日，人民币兑美元和欧元的中间价分别为：1 美元 =6.6 元人民币，1 欧元 =7.2 元人民币，则本次交易的财产转让收入为 2 000 万元人民币，财产净值为 1 020 万元人民币，应纳税所得额为 980 万元人民币。

（资料来源：对国家税务总局公告 2017 年第 37 号的解读。）

对上述案例的详细分析如下：

（1）投资时的成本。

境外 A 企业为非居民企业，境内 B 企业和 C 企业为居民企业，A 企业经过前后两次投资 C 企业，合计持有 C 企业 40% 的股权。

2008 年 8 月 1 日第一次出资 100 万美元（假设当时人民币汇率中间价为：1 美元 =8.6 元人民币），2010 年 9 月 1 日第二次投资 50 万欧元（假设当时人民币汇率中间价为：1 欧元 =8.9 元人民币），则两次投资折合人民币为：100 × 8.6+50 × 8.9=1 305（万元）。

（2）转让时的价格。

2016 年 1 月 10 日 A 企业以人民币 2 000 万元将该项股权转让给 B 企业，合同于当天生效，B 企业于 2016 年 1 月 15 日向 A 企业支付了股权转让款 2 000 万元。

（3）问题：股权转让时以什么时间的汇率计算成本？

根据税法的规定，应当按照扣缴义务发生之日的人民币汇率中间价折合成人民币，计算非居民企业应纳税所得额。扣缴义务发生之日为相关款项实际支付或者到期应支付之日。

（4）所得额的计算。

假设2016年1月15日，人民币兑美元和欧元的中间价分别为：1美元=6.6元人民币，1欧元=7.2元人民币，则本次交易财产转让收入为2 000万元人民币，财产净值为1 020万元人民币（1 020=100×6.6+50×7.2），应纳税所得额为980万元人民币（2 000−1 020）。

如果算成2 000−1 305=695（万元），则少计算所得额=980−695=258（万元）。

王德荣点醒：在涉及收购境外企业所持中国企业的股权时，对于外汇换算的问题一定要在合同中约定清楚，并且在合同中约定预留多一点的款项，以防出现测算不准确而多缴税款的情形。同时明确税款由转让方承担，并以实际向税务机关缴纳的数额为准。还要在合同中明确，如果税务机关在后续的税务纳税评估或检查中认定需要补缴税款，补缴的税款及滞纳金也由转让方承担。

4. 扣缴义务人对外支付股息，如何确定扣缴义务时间

按照《企业所得税法》第三十七条的规定，应该源泉扣缴的税款

由扣缴义务人在每次支付或者到期应支付时，从支付或到期应支付的款项中扣缴。

根据国家税务总局公告2017年第37号第七条的规定，非居民企业取得应纳税的股息所得，相关税款扣缴义务发生之日即是股息的实际支付之日。扣缴义务人应在实际支付之日代扣税款，并在扣缴义务发生之日起7日内向扣缴义务人所在地主管税务机关申报和解缴代扣税款。该规定替代了国家税务总局公告2011年第24号第五条的规定，不再以做出利润分配决定的日期作为扣缴义务发生之日。

5. 在扣缴义务人未依法履行扣缴义务的情况下，非居民企业申报缴纳税款期限有何规定

按照国家税务总局公告2017年第37号第九条的规定，在扣缴义务人未依法履行或者无法履行扣缴义务的情况下，非居民企业在主管税务机关责令限期缴纳税款前自行申报缴纳未扣缴税款的，或者在主管税务机关限期缴纳税款期限内申报缴纳税款的，均视为按期缴纳了税款。

王德荣点醒：对于涉外企业持有境内企业的股权转让、股息支付、服务费支付等的代扣代缴，税法的规定非常详细，作为企业老板不一定都记得清楚，在这里做介绍的目的是让老板们有一个印象，就是这方面税法的规定十分复杂，在遇到这些问题时，需要会计人员专门咨询财税方面的专业人士或主管税务机关，谨慎操作，以免发生税务风险。

8.7 不小心错缴、多缴税款的处理

1. 纳税人计算错误多缴税款可以申请退税

根据《中华人民共和国税收征收管理法》的规定，纳税人超过应纳税额缴纳的税款，税务机关发现后应当立即退还；纳税人自结算缴纳税款之日起三年内发现的，可以向税务机关要求退还多缴的税款并加算银行同期存款利息，税务机关及时查实后应当立即退还；涉及从国库中退库的，依照法律、行政法规有关国库管理的规定退还。

根据《中华人民共和国税收征收管理法实施细则》第七十八条的规定，税务机关发现纳税人多缴税款的，应当自发现之日起 10 日内办理退还手续；纳税人发现多缴税款，要求退还的，税务机关应当自接到纳税人退还申请之日起 30 日内查实并办理退还手续。

2. 多缴退税的范围

（1）纳税人申报计算、填写错误；

（2）适用税目、税率错误；

（3）代开发票冲红、作废；

（4）汇算清缴结算退税；

（5）税务机关适用税法错误；

（6）辅导期纳税人增购发票时按规定预缴增值税，辅导期结束后结算大于应纳税额，产生多缴税款等。

案例 8-7

多缴的税款三年内可退

A 餐饮店（小规模纳税人）2016 年 12 月 23 日发现，该企业 2016 年第三季度发生增值税应税收入 20 万元，在 2016 年 10 月 7 日进行增值税季度申报时将计税依据误填为 200 万元，导致多缴纳增值税 5.4 万元。该企业于 2016 年 12 月 26 日至主管税务机关更正了申报表数据，税务机关就产生的多缴税款告知纳税人如何办理多缴退税。该企业填写了退税文书并提交有关资料，经税务机关审核，于 2017 年 1 月 5 日收到了退还的税款。接下来，该企业向主管地税机关就申报时计算多缴的附加税费提供了相同的申请资料，按相关规定流程办理了退税。

（资料来源：税款缴多了，缴错了，我来教你怎么办［EB/OL］.（2017-01-20）［2019-03-04］. 太极一叶 . http：//www.360doc.com/content/17/0120/18/32673473_623734164.shtml.）

王德荣点醒：多缴税款，常发生的是在企业所得税预缴时多缴，在汇算清缴时又要退税的问题。这就要求老板们关注这一常见的情况，因为多缴税就会占用资金。企业老板要注意，如果某个季度利润过高，可以平衡一下收入取得的时间，以免因当季度利润过高而多纳企业所得税。

对于季度申报时多缴的税款，主管税务机关一般会让企业在以后年度抵减或申请退税。企业可以判断，如果容易退税，可以申请退税，因为退回的是现金流；如果不好退税，只能在以后年度抵减。

附：

安徽省合肥市中级人民法院再审行政判决书

［（2015）合行再终字第 00002 号］

申诉人（一审被告、二审被上诉人）：长丰县地方税务局稽查局，住所地安徽省长丰县水湖镇长丰路 187 号。

负责人：戚华东，局长。

委托代理人：程东海。

委托代理人：刘颖杰，安徽征宇律师事务所律师。

被申诉人（一审原告、二审上诉人）：合肥晨阳橡塑有限公司，住所地安徽省长丰县岗集镇。组织机构代码 74894618-9。

法定代表人：周相庭，董事长。

委托代理人：陈贵娥，安徽正茂律师事务所律师。

申诉人长丰县地方税务局稽查局（以下简称长丰地税稽查局）与被申诉人合肥晨阳橡塑有限公司（以下简称晨阳公司）税务行政处罚一案，安徽省长丰县人民法院于 2014 年 5 月 30 日作出（2014）长行初字第 00007 号行政判决。晨阳公司不服，向本院提起上诉。本院于 2014 年 10 月 15 日作出（2014）合行终字第 00164 号行政判决，已经发生法律效力。长丰地税稽查局不服，向本院提出申诉。本院于 2015 年 4 月 27 日作出（2015）合行监字第 00020 号行政裁定，决定本案由本院再审。本院依法另行组成合议庭公开开庭审理了本案。长丰地税稽查局的委托代理人程东海、刘颖杰，晨阳公司的委托代理人陈贵娥到庭参加诉讼。本案现已审理终结。

一审查明：晨阳公司成立于2003年5月22日，注册资本100万元，股东为周相庭、张小菊。2006年8月晨阳公司申报办理了税务登记证。2006年4月长丰县人民政府为晨阳公司颁发了占地面积26 392.75平方米的国有土地使用证。同年4月25日晨阳公司与岗集镇岗集村委会签订土地租赁协议，租用岗集村委会土地约55亩。2010年1月长丰县人民政府为晨阳公司颁发了占地面积20 000平方米的国有土地使用证。2008年5月晨阳公司申请变更注册资本、营业期限。2008年5月16日安徽嘉华会计师事务所为晨阳公司出具了安嘉华验字〔2008〕047号验资报告：经审验，截至2008年5月12日，周相庭、张小菊缴纳了新增注册资本人民币900万元，股东以货币出资270万元，资本公积金转增630万元，变更后的累计注册资本人民币1 000万元。2008年5月22日长丰县工商行政管理局核准了晨阳公司注册资本、营业期限的变更登记。

2011年长丰地税稽查局根据合肥市地方税务局、长丰县地方税务局《关于开展2011年税收专项检查的通知》，于2011年8月9日向晨阳公司送达了《税务检查通知书》及《税务阳光稽查告知书》，对晨阳公司2008年至2010年度的税务进行检查，通过检查发现：

（一）2008年至2010年晨阳公司每年应缴纳城镇土地使用税为164 667.49元（2.60元/平方米×666.67平方米×95亩），而晨阳公司2008年缴纳城镇土地使用税为69 333.68元，2009年缴纳城镇土地使用税为68 977.43元，2010年缴纳城镇土地使用税为121 007.59元，三年少缴纳城镇土地使用税234 683.77元；

（二）2009—2010年晨阳公司未按规定申报缴纳已代扣的工资薪金所得个人所得税10 253.06元；

（三）2009—2010年晨阳公司未按规定代扣代缴工资薪金所得个人所得税73 412.15元；

（四）2006年12月晨阳公司将未分配利润中500万元调整为

资本公积金。2008 年 5 月晨阳公司以资本公积金 630 万元（另 130 万元由债权转资本公积金）转增注册资本。晨阳公司未按规定代扣代缴 500 万元所得的个人所得税 100 万元。

2012 年 9 月 3 日晨阳公司补缴了 2008—2010 年城镇土地使用税 234 683.77 元及滞纳金 131 440.21 元。2013 年 12 月 12 日长丰地税稽查局向晨阳公司送达了《税务处理决定书》、《税务行政处罚事项告知书》，2013 年 12 月 19 日长丰地税稽查局作出长地税稽罚〔2013〕4 号《税务行政处罚决定书》。2014 年 1 月 10 日晨阳公司缴纳了 2009—2010 年未按规定申报缴纳已代扣的工资薪金所得个人所得税 10 253.06 元及罚款 5 126.53 元，缴纳了 2009—2010 年未按规定代扣代缴工资薪金所得个人所得税 73 412.15 元及罚款 36 706.08 元。晨阳公司对长丰地税稽查局作出的长地税稽罚〔2013〕4 号《税务行政处罚决定书》第一项罚款 117 341.89 元和第三项罚款中的 50 万元的决定不服，向长丰县人民法院提起行政诉讼。

一审认为：长丰地税稽查局作为查处偷税、逃避追缴欠税、骗税、抗税案件的税务机构，根据税收专项检查的规定，在本县范围内对 2008 年至 2010 年的税收开展专项检查工作，是其法定职责。晨阳公司作为已向税务机关申报办理税务登记的纳税人、扣缴义务人，有向税务机关如实申报的义务。长丰地税稽查局实施税务检查时，向被检查人晨阳公司送达了税务检查通知书，在税务检查过程中，税务机关检查了晨阳公司的相关资料，制作了税务稽查（检查）底稿，并与晨阳公司的有关人员核对且签字认可。晨阳公司 2008 年 5 月新增注册资本时，以资本公积金转增注册资本 630 万元，其中 500 万元资本公积金是未分配利润，以该 500 万元资本公积金转增注册资本，实际上是晨阳公司将公积金向股东分配了股息、红利，股东以分得的股息、红利增加注册资本，对属于个人股东分得再转增注册资本部分应按照“利息、股息、红利所得”项目征收个人所得税。

晨阳公司在 2008 年至 2010 年间，未按其实际占用的土地面积申报，少申报缴纳城镇土地使用税，2009年至2010年未按规定申报已代扣的工资薪金所得个人所得税，2008年未按规定代扣代缴利息、股息、红利所得个人所得税，2009年至2010年未按规定代扣代缴工资薪金所得个人所得税。长丰地税稽查局稽查时，针对晨阳公司存在的违法事实，经调查核实后，其作出的《税务行政处罚决定书》，事实清楚、证据充分、程序合法、适用法律正确。虽然晨阳公司在长丰地税稽查局作出处罚决定前分别缴纳了城镇土地使用税、滞纳金，这仅是晨阳公司作为纳税人履行了应纳税款的义务，并不能否定其在纳税申报上行为的违法性。

晨阳公司所称的股东变更出资方式用货币资金置换资本公积金出资，由会计师事务所审核并经工商管理部门核准登记，与事实不符。晨阳公司的诉讼请求缺乏事实和法律依据，不予支持。经一审法院审判委员会讨论决定，依照《最高人民法院关于执行〈中华人民共和国行政诉讼法〉若干问题的解释》第五十六条第（四）项之规定，判决：驳回原告合肥晨阳橡塑有限公司的诉讼请求。案件受理费50元，由原告合肥晨阳橡塑有限公司负担。

晨阳公司上诉称：（一）一审判决认定事实错误。1. 2008年5月份，晨阳公司注册资本由100万元增资到1 000万元，把其中500万元从晨阳公司账面以资本公积金转增注册资本。同年8月份双墩分局从网上发现上述情况，经长丰地税稽查局同意，晨阳公司立即纠正，会计在财务上已经把资本公积金出资部分冲回，即500万元资本公积金至今仍在晨阳公司账上，没有进行分红和转增注册资本。晨阳公司股东周相庭、张小菊于2008年9月9日至2008年12月分6次向晨阳公司基本账户存入630万元货币，由嘉华会计师事务所出具了审核报告。晨阳公司以资本公积金转增注册资本500万元的行为得以纠正。长丰地税稽查局以晨阳公司2008年度未按规定代扣代缴利息、股息、红利个人所得税100万元，处以50万元罚款，没有事实和法律依据。2. 长丰地税稽查局在2011年8月9日—2011年10月19日对晨阳公司税务稽查后，指出晨阳公司少缴纳2008年至2010年间城镇土地使用税

234 683.77 元，晨阳公司于 2012 年 9 月 3 日补缴税款的同时缴纳了滞纳金 131 440.21 元。但长丰地税稽查局又对晨阳公司处以 117 341.89 元罚款，系重复处罚。（二）一审判决证据不足。长丰地税稽查局向晨阳公司送达长地税稽处〔2013〕4 号《税务处理决定书》和长地税稽罚〔2013〕4 号《税务行政处罚决定书》的前期程序中，违反了稽查人员实施稽查前的准备工作的相关规定，没有向晨阳公司下达《税务稽查通知书》，告知晨阳公司检查时间、需要准备的资料，违反了《安徽省地方税务稽查工作管理暂行办法》第二十七条第（四）项规定。长丰地税稽查局没有依法向晨阳公司发出限期缴纳税款通知书，违反了《中华人民共和国税收征收管理法实施细则》第七十三条规定：从事生产、经营的纳税人、扣缴义务人未按照规定的期限缴纳或者解缴税款的，纳税担保人未按照规定的期限缴纳所担保的税款的，由税务机关发出限期缴纳税款通知书。一审判决没有确认 2011 年 8 月 9 日的《税务稽查通知书》、《税务阳光稽查告知书》与 2013 年 12 月 13 日的《税务处理决定书》、2013 年 12 月 19 日的《税务行政处罚决定书》之间在程序上存在延续性和证据之间关联性，长丰地税稽查局也没有证据证明这些文书之间存在延续性和关联性，因此不能判定长丰地税稽查局作出的具体行政处罚具有合法性。（三）一审判决适用法律错误。《关于会计师事务所鉴证业务实行防伪标识管理的通知》第一条第三款规定："事务所在鉴证业务报告上粘贴防伪标识，仅证明各事务所出具的鉴证业务报告主体上的合法性和形式上的真实性，各事务所及注册会计师对鉴证业务报告内容的真实性和合法性依法承担相应的责任。"这份作为行业的管理文件，不能否定晨阳公司提交的审核报告内容的真实性。一审依据该通知，对晨阳公司提交的证据不予认定，是适用法律的错误。

长丰地税稽查局答辩称：（一）晨阳公司作为个人所得税的法定扣缴义务人，在应税事实发生后，拒不依法代扣代缴增资股东周相庭、张小菊的个人所得税。长丰地税稽查局作为税务稽查部门，依法履行职权，对晨阳公司的偷逃税款行为予以处罚，有其事实和法律依据。（二）晨阳公司在接到税务机关的纳税要求后，不仅没有履行税法义务，相反却以"对税收政策理解有误"为由，通过私下编造、篡改、调整、冲抵账目的方式，回避该公司将未分配利润交由二股东增资的事实，以图逃避扣缴义务。（三）《中华人民共和国税收征收管理法》第六十三条规定："纳税人伪造、变造、隐匿、擅自销毁账簿、记账凭证，或者在账簿上多列支出或者不列、少列收入，或者经税务机关通知申报而拒不申报或者进行虚假的纳税申报，不缴或者少缴应纳税款的，是偷税。对纳税人偷税的，由税务机关追缴其不缴或者少缴的税款、滞纳金，并处不缴或者少缴的税款百分之五十以上五倍以下的罚款；构成犯罪的，依法追究刑事责任。"因此，长丰地税稽查局向晨阳公司追缴少缴的税款、滞纳金，并处以罚款的行为，符合法律规定，应予以维持。（四）长丰地税稽查局的税务稽查行为程序合法，实施得当，也给予了晨阳公司陈述、申辩、解释、举证的权利，并无违法之处。

经审查，一审对证据的分析认定符合法律规定，二审予以确认。

二审认为：《中华人民共和国税收征收管理法》第十四条：本法所称税务机关是指各级税务局、税务分局、税务所和按照国务院规定设立的并向社会公告的税务机构。《中华人民共和国税收征收管理法实施细则》第九条：税收征管法第十四条所称按照国务院规定设立的并向社会公告的税务机构，是指省以下税务局的稽查局。稽查局专司偷税、逃避追缴欠税、骗税、抗税案件的查处。本案中，长丰地税稽查局对晨阳公司作出的行政处罚，内容均为对单位少申报缴纳税款或者对个人所得税未履行代扣代缴的法定义务的行为进行处罚，从上述处罚的内容上看，不属于税务稽查局的法定职责。长丰地税稽查局在本案中作出的行政处罚属于超越职权，一审部分事实认定不当，依照《中华人民共和国行政诉讼法》第五十四条第二项4目之规定，判决：一、撤销安徽省长丰县人民法院（2014）长行初字第00007号行政判决；二、撤销长丰县地方税务局稽查局长地税稽罚〔2013〕4号《税务行政处罚决定书》。本案一、二审案件受理费各50元，均由长丰县地方税务局稽查局负担。

长丰地税稽查局申诉称：（一）税务稽查局具有法定职权。按照我国现行税法规定，各级税务稽查局具有查处各类税收违法行为的法定职权。1.《中华人民共和国税收征收管理法》第十四条规定，本法所称税务机关是指各级税务局、税务分局、税务所和按照国务院规定设立的并向社会公告的税务机构。2.《中华人民共和国税收征收管理法实施细则》第九条规定，税收征管法第十四条所称按照国务院规定设立的并向社会公告的税务机构，是指省以下税务局的稽查局。稽查局专司偷税、逃避追缴欠税、骗税、抗税案件的查处。国家税务总局应当明确划分税务局和稽查局的职责，避免职责交叉。3.《国家税务总局关于稽查局职责问题的通知》（国税函〔2003〕140号）规定，《中华人民共和国税收征收管理法实施细则》第九条第二款规定“国家税务总局应当明确划分税务局和稽查局的职责，避免职责交叉。”为了切实贯彻这一规定，保证税收征管改革的深化与推进，科学合理地确定稽查局和其它税务机构的职责，国家税务总局正在调查论证具体方案。在国家税务总局统一明确之前，各级稽查局现行职责不变。稽查局的现行职责是指：稽查业务管理、税务检查和税收违法案件查处；凡需要对纳税人、扣缴义务人进行账证检查或者调查取证，并对其税收违法行为进行税务行政处理（处罚）的执法活动，仍由各级稽查局负责。4.《国家税务总局关于印发〈税务稽查工作规程〉的通知》（国税发〔2009〕157号）第二条第二款规定，税务稽查由税务局稽查局依法实施。稽查局主要职责，是依法对纳税人、扣缴义务人和其他涉税当事人履行纳税义务、扣缴义务情况及涉税事项进行检查处理，以及围绕检查处理开展的其他相关工作。稽查局具体职责由国家税务总局依照《中华人民共和国税收征收管理法》、《中华人民共和国税收征收管理法实施细则》有关规定确定。

（二）二审判决适用法律法规不当。1.与现行国家税法规定不符。二审判决认为“稽查局专司偷税、逃避追缴欠税、骗税、抗税案件的查处”，据此认定稽查局能且只能负责上述案件查处，其他税收违法行为稽查局一律不得查处。此种逻辑推理与《中华人民共和国税收征收管理法实施细则》立法原意不符，与现行税务稽查执法体制不符。《中华人民共和国税收征收管理法实施细则》只规定稽查局专司偷税、逃避追缴欠税、骗税、抗税案件的查处，但并未规定稽查局不能查处其他税收违法行为。2. 与国家税务总局行政解释不符。二审判决在引用法律条文判定稽查局职权范围时，仅引用《中华人民共和国税收征收管理法》第十四条及《中华人民共和国税收征收管理法实施细则》第九条第一款，而对具有直接判定意义的《中华人民共和国税收征收管理法实施细则》第九条第二款却未予引用。《中华人民共和国税收征收管理法实施细则》第九条第二款规定“国家税务总局应当明确划分税务局和稽查局的职责，避免职责交叉”，根据此款授权，国家税务总局于2003 年下发了《国家税务总局关于稽查局职责问题的通知》（国税函〔2003〕140 号），对稽查局的职责范围进行了界定，明确规定稽查局可以对各类税收违法案件进行查处。此后，国家税务总局于 2009 年印发了《税务稽查工作规程》（国税发〔2009〕157 号），对稽查局职责范围进行了再次明确。

（三）二审判决事实认定与处罚决定内容不符。二审判决认定“长丰县地方税务局稽查局对晨阳公司作出的行政处罚，内容均为对单位少申报缴纳税款或者对个人所得税未履行代扣代缴的法定义务的行为进行处罚”，判决认定结果与事实不符。实际上，长丰地税稽查局在《税务行政处罚决定书》（长地税稽罚〔2013〕4 号）中，对晨阳公司“少申报缴纳城镇土地使用税”及“已扣未缴个人所得税”违法行为，已按照《中华人民共和国税收征收管理法》第六十三条规定，定性为偷税进行处罚。即便按照二审判决的理解，对偷税行为的处罚也应该是稽查局法定职权范围，不应予以撤销。综上，请求：1. 依法撤销合肥市中级人民法院（2014）合行终字第 00164 号行政判决；2. 驳回晨阳公司的诉讼请求；3. 判决晨阳公司承担一、二审诉讼费用。

晨阳公司答辩称：原二审判决认定事实清楚，适用法律正确，请求维持。

再审期间，当事人双方均未提供新的证据。

再审查明的事实除同于原一审外，另查明：长丰地税稽查局长地税稽罚〔2013〕4号《税务行政处罚决定书》处罚决定内容为：（一）根据《中华人民共和国税收征收管理法》第六十三条第一款之规定，对晨阳公司2008—2010年度少申报缴纳城镇土地使用税的行为，处以少缴税款百分之五十的罚款计117 341.89元；（二）根据《中华人民共和国税收征收管理法》第六十三条第二款之规定，对晨阳公司2009—2010年度少申报缴纳已代扣的工资薪金所得个人所得税的行为，处以少缴税款百分之五十的罚款计5126.53元；（三）根据《中华人民共和国税收征收管理法》第六十九条之规定，对晨阳公司2008—2010年度未按规定代扣代缴个人所得税（利息、股息、红利所得、工资薪金所得）的行为，处以应扣未扣税款百分之五十的罚款计536 706.08元（含2008年度500万元资本公积金转注册资金未纳税罚款50万元）。以上罚款合计659 174.50元。

本案再审争议的焦点问题有两个方面：1. 长丰地税稽查局是否具有查处本案晨阳公司税收违法行为的职权问题。2. 长丰地税稽查局查处晨阳公司税收违法行为认定事实及适用法律是否正确的问题。

本院认为：关于长丰地税稽查局是否具有查处本案晨阳公司税收违法行为的职权问题。

根据《中华人民共和国税收征收管理法》第十四条的规定：本法所称税务机关是指各级税务局、税务分局、税务所和按照国务院规定设立的并向社会公告的税务机构；《中华人民共和国税收征收管理法实施细则》第九条第一款的规定：税收征管法第十四条所称按照国务院规定设立的并向社会公告的税务机构，是指省以下税务局的稽查局。稽查局专司偷税、逃避追缴欠税、骗税、抗税案件的查处。又依据该《实施细则》第九条第二款的规定：

"国家税务总局应当明确划分税务局和稽查局的职责，避免职责交叉"。根据此款授权，国家税务总局于2003年下发了《国家税务总局关于稽查局职责问题的通知》(国税函〔2003〕140号)，对稽查局的职责范围进行了界定，明确规定稽查局可以对各类税收违法案件进行查处。此后，国家税务总局于2009年印发了《税务稽查工作规程》(国税发〔2009〕157号)，对稽查局职责范围进行了再次明确。故依据上述规定，长丰地税稽查局具有查处本案晨阳公司税务违法行为的法定职权。

关于长丰地税稽查局查处晨阳公司税收违法行为认定事实及适用法律是否正确问题。

1. 晨阳公司认为其补交了2008—2010年间城镇土地使用税234 683.77元，同时缴纳了滞纳金131 440.21元，但长丰地税稽查局又对其处以117 341.89元罚款，系重复处罚。

根据《中华人民共和国税收征收管理法》第六十三条规定："纳税人伪造、变造、隐匿、擅自销毁账簿、记账凭证，或者在账簿上多列支出或者不列、少列收入，或者经税务机关通知申报而拒不申报或者进行虚假的纳税申报，不缴或者少缴应纳税款的，是偷税。对纳税人偷税的，由税务机关追缴其不缴或者少缴的税款、滞纳金，并处不缴或者少缴的税款百分之五十以上五倍以下的罚款；构成犯罪的，依法追究刑事责任。"因此，长丰地税稽查局依据该条款向晨阳公司追缴少缴的税款、滞纳金，并处以罚款的行为，符合法律规定，并不存在重复处罚问题。

2. 晨阳公司认为2008年5月份，其注册资本由100万元增资到1 000万元，其中500万元从公司账上以资本公积金转增注册资本的行为已经得以纠正。长丰地税稽查局以晨阳公司2008年度未按规定代扣代缴利息、股息、红利个人所得税100万元，处以50万元罚款没有事实和法律依据。

而事实情况是：晨阳公司所谓的纠正，仅仅是其公司把以资本公积金出资的500万元在账面上冲回，即500万元资本公积金形式上仍挂在晨阳公司账上；嘉华会计师事务所出具的审核报告证明晨阳公司股东周相庭、张小菊于2008年9月9日至2008年12月分6次向晨阳公司基本账户存入630万元货币，但经长丰地税稽查局审查没有相关交款凭证，在工商注册档案中也未查到该审核报告，晨阳公司也未曾在工商部门办理减少注册资金的手续，晨阳公司的1 000万元注册资金仍然系包括500万元资本公积金在内的增资。因而，晨阳公司称其以资本公积金转增注册资本的行为得到了纠正与事实不符。晨阳公司2008年5月以500万元资本公积金转增注册资本，应予代扣代缴个人所得税100万元而未履行义务，违反了《中华人民共和国个人所得税法》第二条第七项、第三条第五项、第六条第六项的规定，长丰地税稽查局根据《中华人民共和国税收征收管理法》第六十九条的规定，对作为代扣代缴义务人晨阳公司处以应纳税款50%的罚款，符合相关法律法规的规定。

3. 晨阳公司认为长丰地税稽查局的处理处罚程序违法，因而不能认定长丰地税稽查局作出的具体行政处罚具有合法性。

经查，长丰地税稽查局在2011年8月9日对晨阳公司的涉税情况开展检查时，已经依法送达《税务检查通知书》、《税务阳光稽查告知书》，且已告知晨阳公司限期缴纳税款。此后，该税案一直处于长丰地税稽查局的审理过程中，直至2013年依法作出《税务处理决定书》和《税务行政处罚决定书》，前后处理程序具有延续性和关联性，亦给予了晨阳公司陈述、申辩和举证等权利。因此，长丰地税稽查局的稽查行为程序合法。

综上，长丰地税稽查局作出的《税务行政处罚决定书》事实清楚，证据充分，程序合法；晨阳公司的诉讼请求缺乏事实和法律依据。原一审判决认定事实清楚，适用法律正确；原二审判决适用法律错误，判决不当，应予纠正。经本院审判委员会讨论决定，依照《最高人民法院关于执行〈中华人民共和国行政诉讼法〉若干问题的解释》第七十八条之规定，判决如下：

一、撤销本院（2014）合行终字第00164号行政判决，即：

1. 撤销安徽省长丰县人民法院（2014）长行初字第00007号行政判决；2. 撤销长丰县地方税务局稽查局长地税稽罚〔2013〕4号《税务行政处罚决定书》。

二、维持安徽省长丰县人民法院（2014）长行初字第00007号行政判决，即：驳回原告合肥晨阳橡塑有限公司的诉讼请求。

本案一、二审案件受理费各50元，均由合肥晨阳橡塑有限公司负担。

本判决为终审判决。

审判长杨长文
审判员王亚明
审判员姚本茹
二〇一五年九月六日
书记员付旋璇

CHAPTER 9

税务稽查的财税谋略

9.1 如何应对税务稽查

1. 税务系统内部征管查审模式简介

税务机关目前的征管稽查模式如图 9–1 所示。一般征收和管理由一个税务分局或税务所负责，稽查由独立的稽查局负责，复议机关和税收政策部门通常在地（市、盟）级的税务局。

稽查局主要负责对偷税、逃税、骗税、抗税以及未履行代扣代缴义务问题的稽查，以及对举报案件的稽查。根据税法的规定，税务稽查局接到实名举报必查。

税务稽查局还有一项主要的职责，即为组织税收收入而对企业是否存在少缴税款，是否合规纳税依法进行稽查。

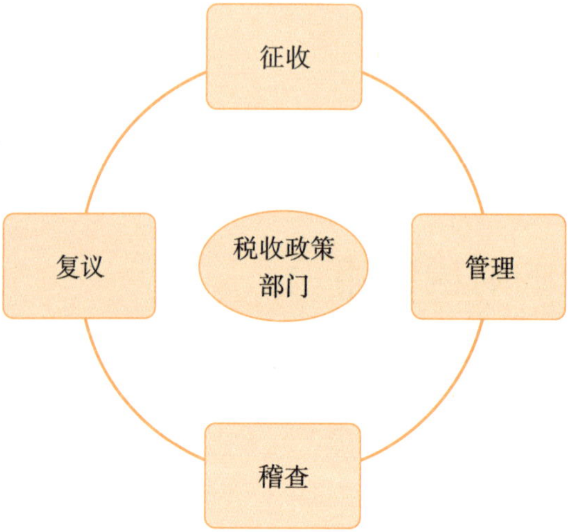

图 9-1 税务征管稽查模式

2. 税务机关的检查权

作为企业老板一定了解税务有哪些检查权，这样你在面临税务检查时可以知道税务检查的界线在哪里。以下是税务机关依法享有的检查权，作为企业应予以配合。

（1）查账权。检查纳税人的账簿、记账凭证、报表和有关资料，检查扣缴义务人代扣代缴、代收代缴税款账簿、记账凭证和有关资料。

（2）场地检查权。到纳税人的生产、经营场所和货物存放地检查纳税人应纳税的商品、货物或者其他财产。

（3）责成提供资料权。责成纳税人、扣缴义务人提供与纳税或者代扣代缴、代收代缴税款有关的文件、证明材料和有关资料。

（4）询问权。询问纳税人、扣缴义务人与纳税或者代扣代缴、代收代缴税款有关的问题和情况。

（5）查证权。到车站、码头、机场、邮政企业及其分支机构检查纳税人托运、邮寄应纳税商品、货物或者其他财产的有关单据、凭证和有关资料。

（6）银行存款账户查询权。经县以上税务局（分局）局长批准，查询金融机构的存款账户。经设区的市局长批准，可以查询储蓄存款。

3. 开展税务稽查的常见原因

开展税务稽查原因多种多样，可以归为以下五大原因：

（1）各级党委和政府部门领导对某一企业或个人可能存在少缴税款的问题指示所属的税务部门进行检查。税务机关接到相关指示后，即依法开展税务检查。

（2）税务机关及其稽查局在接到相关偷税或其他少缴税款的举报线索后，依法开展税务检查。

（3）国家税务总局稽查部门每年初都会下达文件，指导全国各级稽查局对某一行业进行检查。

（4）各级税务部门的稽查局根据自身对当地企业的了解，确定稽查对象，开展税务检查。

（5）各级税务部门在纳税评估和日常征管中发现了偷税线索或少缴税款的情形，由此开展税务检查。

要更好地了解导致税务检查的原因，请看下面的案例。

案例 9-1

某电器公司被稽查

20×× 年，某知名电器公司被国家税务总局稽查。该案件最早的源头是国家税务总局下发《关于开展部分大型电器零售企业增值税存根联滞留票专项检查的通知》（国税函〔2008〕279 号），点名对几家大的电器销售商进行稽查。税务局利用存根联滞留票信息，核实电器零售企业未认证抵扣进项税的原因，检查是否存在隐瞒销售收入问题。

经查，该电器公司从其他厂商手中买来电器，厂商开具发票后，按照相关规定，该电器公司应当在 90 天内申报抵扣，但是该电器公司没有这样做，而这就意味着隐藏相应收入。于是，该电器公司被厂商举报。同时，该电器公司没有对外披露涉嫌隐瞒销售收入，被税务局稽查这一重大消息。受相关报道的影响，当日该电器公司股价大跌，公司随即发表声明，否认存在隐瞒销售收入问题。

（资料来源：公司导致税务稽查的原因解析及应对［EB/OL］.（2016-04-09）［2019-03-04］.decequan. https：//wenku.baidu.com/view/3a17833608a1284ac95043b4.html.）

案例 9-2

"一网打尽"

某区地税局稽查局接到群众举报，称该区某美容院只开收据不开发票，隐匿收入。这一线索引起了稽查局领导的注意。

原来，早在一年前，主管税务所就对该美容院实施过纳税评估，评估工作是在该美容院的经营场所进行的。在评估过程中，突然跑进一人将一台办公用的电脑砸坏。美容院人员声称是他们得罪了"黑社会"，而恰巧是被砸坏的电脑里保存有大量的经营性电子资料，于是这次评估不了了之。

鉴于 2011 年的那次"意外"，此次稽查人员进场前制定了周密的检查方案，在公证处的全程公证下，稽查人员、公安经侦人员迅速控制了财务资料和经营用电脑设备，计算机专业人员通过设备检查，查找到与经营有关的电子数据，一一对应复制拷贝到全新的两个 U 盘上，完整采集了美容院的电子经营资料，并现场封存一个备份原始数据，用于检查取证。

该美容院在第一次的调查中，靠耍手段蒙混过关，但是并没有在后来的经营过程中严格自律，最终在公证处、公安局等部门的联合办案中被查处。

（资料来源：公司导致税务稽查的原因解析及应对［EB/OL］.（2016-04-09）［2019-03-04］. decequan.https：//wenku.baidu.com/view/3a17833608a1284ac95043b4.html.）

王德荣点醒： 税务机关与公安机关等联合办案是杀伤力最大的方式之一。其他杀伤力大的方式还有：经侦直接查办，上级派外地稽查局到本地直接办案等。

4. 如何减少被税务机关稽查关注的可能

作为企业来说，如果被税务稽查，或多或少都会被查出一些问题，并因此补缴税款和罚款。如果当地税源少，税务机关每年完成税收任务的压力大，则当地的大企业面临税务稽查的可能性更大。那么，如何才能减少被税务稽查的可能性，是否有要注意的地方呢？

（1）对于税务机关要求企业支持和参加的活动，要主动参加，特别是需要企业老总参加时，要尽可能参加。

企业如果对税务机关的通知置之不理，就会造成企业和税务机关的信息沟通不畅通，很可能会受到税务稽查。

（2）财务经理在必要时可以与主管税务机关沟通公司每年的经营情况。

如果你是当地的重点纳税企业，企业的生产经营比较正常，纳税每年没有大的变化，那还问题不大。当你企业的生产经营发生重大变化，税收下降时，就有必要与税务机关沟通，使当地税务部门对企业生产经营的变化有更多的了解，知晓不是由于企业偷税的行为导致了税收的下降。

（3）财务制度和内控健全。

企业财务制度和内控健全，可以使企业在受到税务检查时，更容易得到税务机关的认可。反之，税务机关很可能会认为企业存在偷税的行为，加大对企业的检查力度。

（4）如果是当地的大企业，要与当地政府经常保持沟通，依法纳税。

因为如果沟通不畅，当地政府会认为你对当地的纳税贡献与企业实际经营情况不符，从而要求税务局开展检查。

王德荣点醒：作为企业老板，一定要注意自己在当地是否属于纳税的重点户。如果是的话，那么对自己的经营情况要多与税务机关沟通，让税务机关了解企业是合规经营的，以减少税务检查。

5. 税务稽查的方式——有争议的取证方式

（1）税务稽查取证权的局限。

根据现行法律规定，税务人员没有搜查权，不能强行打开保管账簿、凭证资料、商品货物的办公室、保险柜、仓库进行检查。

税务人员也不能强制封存账簿、计算机，否则就是违法行为。税务机关对当事人拒不履行作证义务及拒不提供证据的，尚无积极有效的手段，这已经严重影响了税务稽查取证工作的有效开展。税务机关调取账簿的前提是纳税人配合，将账簿凭证交给税务人员，如果纳税人不配合，税务人员可以请求公安机关协助。

案例9-3

内外账的风险无处不在

某企业设有两套账，存放在办公楼二楼的同一间档案室中，内账存放于A文件柜，外账存放于B文件柜。内账即是企业对内的财务核算账簿，包括全部的收入成本费用等。外账是专门提供给税务部门等监管部门的会计账簿，收入和成本费用只按企业的需要核算，相对于内账来说核算的收入较少。

一般情况下该企业都是做内账的会计核算，只有在月底的几天才统一做外账，所以通常开启的是存放内账的A文件柜，很少开启存放外账的B文件柜。

某天当地税务稽查局的两名检查员到该企业检查，在出示检查通知和税务检查证后，要求调取企业账簿回税务局检查，同时也出具了调账通知书。

该企业的一名会计人员与其中一名检查员比较熟悉，所以该会计人员就带着这名税务检查员上二楼调账（另一名税务检查人员在一楼财务室等待，没有上楼）。二人有说有笑地上了二楼进了档案室，会计人员在不经意间打开了放内账的A文件柜，随即关上，尴尬地说，不好意思我开错文件柜了，然后立即打开了B文件柜请税务检查人员调账。这时这名税务检查人员也反应过来了，问为什么会开错文件柜。随后税务检查员要求打开A文件柜，但该会计人员始终不配合。

最后，由公安机关的经侦人员出面，取得了相应的内账证据，从而对企业的偷税行为进行了补税罚款处理。

案例中的税务检查员能否强行打开A文件柜呢？按税务的检查权来说，是不行的。因为税务检查人员只有责成提供资料权，而没有搜查权。如果税务检查人员强行打开A文件柜的话，就属于搜查行为，是不合法的。

（2）复印件当事人没有签字盖章，一定条件下仍可以作为证据使用。

复印件、复制物，如果当事人没有签字盖章，无法作为主要证据证明案件事实，但是如果能够与摄像、拍照等证据相结合，互相印证、互相补充，其证据证明力可以得到提高。

《最高人民法院关于行政诉讼证据若干问题的规定》第七十一条规定：

> 下列证据不能单独作为定案依据：
> （一）未成年人所作的与其年龄和智力状况不相适应的证言；
> （二）与一方当事人有亲属关系或者其他密切关系的证人所作的对该当事人有利的证言，或者与一方当事人有不利关系的证人所作的对该当事人不利的证言；
> （三）应当出庭作证而无正当理由不出庭作证的证人证言；
> （四）难以识别是否经过修改的视听资料；
> （五）无法与原件、原物核对的复制件或者复制品；
> （六）经一方当事人或者他人改动，对方当事人不予认可的证据材料；
> （七）其他不能单独作为定案依据的证据材料。

为此，税务机关在提取证据材料复制件后，应当由原件保存单位或者个人在复制件上注明“与原件核对无误，原件存于我处”，并由提供人签章。

（3）做好同步录音和询问（陈述、谈话类）笔录。

取证时机选择非常重要，税务人员在第一次询问当事人、证人时，应当注意做好同步录音、录像，以防当事人、证人事后“翻供”。

同时，同步录音、录像本身也是对当事人、证人的威慑。

《最高人民法院关于行政诉讼证据若干问题的规定》第十条规定：

> 根据行政诉讼法第三十一条第一款第（一）项的规定。当事人向人民法院提供书证的，应当符合下列要求：
>
> （四）被告提供的被诉具体行政行为所依据的询问、陈述、谈话类笔录，应当有行政执法人员、被询问人、陈述人、谈话人、签名或者盖章。

《中华人民共和国行政处罚法》第三十七条规定，行政机关在调查或者进行检查时。执法人员不得少于两人，并应当向当事人或者有关人员出示证件。当事人或者有关人员应当如实回答询问，并协助调查或者检查，不得阻挠。询问或者检查应当制作笔录。

根据以上规定，制作询问笔录应注意以下要点：

①在被查对象生产、经营场所询问的，不需要送达《询问通知书》；要纳税人到税务局接受询问的，需送达《询问通知书》。

②询问笔录应当交被询问人核对或者向其宣读；询问笔录有修改的，应当由被询问人在改动处按指印；核对无误后，由被询问人在尾页结束处写明“以上笔录我看过（或者向我宣读过），与我说的相符”，并逐页签章、按指印。

如果当事人拒绝签章按指印，应当予以注明，但是这样的询问笔录可能会失去证据效力。

③询问应当由两名以上检查人员实施。

王德荣点醒：税务机关在税务检查中会同时使用同步录音和询问笔录。在这种情况下，如果企业人员说的内容与实际情况不一致，企图以虚假的内容蒙混过关，税务机关只要对同一人员做几次询问，就很容易揭穿谎言。

（4）加处的滞纳金可否超过税款本金有争议。

《中华人民共和国行政强制法》第四十五条规定，“行政机关依法作出金钱给付义务的行政决定，当事人逾期不履行的，行政机关可以依法加处罚款或者滞纳金。……加处罚款或者滞纳金的数额不得超出金钱给付义务的数额”。

滞纳金是罚款性质还是补偿性质的？在拟修订的征管法中做了调整：将“滞纳金”更名为“税收利息”，利率由国务院结合人民币贷款基准利率和市场借贷利率的合理水平综合确定，以与行政强制法中的滞纳金相区别。

（5）小规模纳税人超过 500 万元销售额被稽查时适用的税率。

对服务业的纳税人，年应税销售额超过小规模纳税人 500 万元标准且未在规定时限内申请一般纳税人资格认定的，税务机关在下发通知认定其为一般纳税人之前超过 500 万元的销售额，应适用 3% 的征收率。

案例 9-4

稽查小规模纳税人如何适用税率

A 公司是从事服务业的小规模纳税人，2016 年 5 月 1 日起，在税务机关申报的年销售额为 300 万元，未超过 500 万元的一般纳税人认定标准。但在 2018 年 5 月税务机关稽查发现，A 公司在 2017 年 7 月的年服务费的金额就达到 1 700 万元，至 2018 年 5 月已达到 3 500 万元，远远超过了 500 万元的一般纳税人认定标准。那么，对于 1 700 万元及后续达到 3 500 万元的销售额是按 3% 征收，还是按一般纳税人的标准 6% 征收？

根据相关文件的规定，税务机关发现纳税人达到一般纳税人标准的，应下达应制作《税务事项通知书》予以告知，纳税人在《税务事项通知书》规定时限内仍未向主管税务机关报送一般纳税人认定有关资料的，其《税务事项通知书》规定时限届满之后的销售额依照增值税税率计算应纳税额，不得抵扣进项税额。税务机关送达的《税务事项通知书》规定时限届满之前的销售额，应按小规模纳税人简易计税方法，依 3% 征收率计算应纳税额。

为此，上述 3 500 万元的销售额还是应按 3% 的征收率征收。

王德荣点醒：小规模纳税人连续 12 个月内销售收入或服务收入超过 500 万元的，建议主动到税务机关申请为一般纳税人。如果不去申请，在税收实务中，很可能会被主管税务机关追溯到超过时起按一般纳税人的税率征税。

相关文件依据如下：

（1）《国家税务总局关于界定超标准小规模纳税人偷税数额的批复》（税总函〔2015〕311号）明确：

黑龙江省国家税务局：

你局《关于界定超标准小规模纳税人偷税数额的请示》（黑国税发〔2014〕85号）收悉。根据《增值税一般纳税人资格认定管理办法》（国家税务总局令第22号）、《国家税务总局关于明确〈增值税一般纳税人资格认定管理办法〉若干条款处理意见的通知》（国税函〔2010〕139号）有关规定，批复如下：

稽查查补销售额和纳税评估调整销售额计入查补税款申报当月的销售额，以界定增值税小规模纳税人年应税销售额。

纳税人年应税销售额超过小规模纳税人标准且未在规定时限内申请一般纳税人资格认定的，主管税务机关应制作《税务事项通知书》予以告知。纳税人在《税务事项通知书》规定时限内仍未向主管税务机关报送一般纳税人认定有关资料的，其《税务事项通知书》规定时限届满之后的销售额依照增值税税率计算应纳税额，不得抵扣进项税额。税务机关送达的《税务事项通知书》规定时限届满之前的销售额，应按小规模纳税人简易计税方法，依3%征收率计算应纳税额。

你局对所属企业实施税务检查，发生的具体涉税事项，应按上述原则处理。其中，涉及滞纳金和罚款的计算等问题，仍按照相关规定执行。

（2）《国家税务总局关于增值税一般纳税人登记管理若干事项的公告》（国家税务总局公告2018年第6号）规定：

二、《办法》[1]第二条所称“纳税申报销售额”是指纳税人自行申报的全部应征增值税销售额，其中包括免税销售额和税务机

[1] 指《增值税一般纳税人登记管理办法》。

关代开发票销售额。"稽查查补销售额"和"纳税评估调整销售额"计入查补税款申报当月(或当季)的销售额,不计入税款所属期销售额。

9.2 偷税与逃避缴纳税款罪的关系

1. 偷税及逃避缴纳税款罪的认定

(1)偷税的认定。

纳税人伪造、变造、隐匿、擅自销毁账簿、记账凭证,或者在账簿上多列支出或者不列、少列收入,或者经税务机关通知申报而拒不申报或者进行虚假的纳税申报,不缴或者少缴应纳税款的,是偷税。

(2)逃避缴纳税款罪的认定。

《刑法》第二百零一条规定:

纳税人采取欺骗、隐瞒手段进行虚假纳税申报或者不申报,逃避缴纳税款数额较大并且占应纳税额百分之十以上的,处三年以下有期徒刑或者拘役,并处罚金;数额巨大并且占应纳税额百分之三十以上的,处三年以上七年以下有期徒刑,并处罚金。

对多次实施前两款行为,未经处理的,按照累计数额计算。

有第一款行为,经税务机关依法下达追缴通知后,补缴应纳税款,缴纳滞纳金,已受行政处罚的,不予追究刑事责任;但是,五年内因逃避缴纳税款受过刑事处罚或者被税务机关给予二次以上行政处罚的除外。

2. 构成逃避缴纳税款罪也可能不承担刑事责任

企业偷税达到刑事处罚的标准，如果同时符合以下条件，可以不追究刑事责任。

一是企业属于首次被税务机关按偷税予以行政处罚，且此前未因逃避缴纳税款受过刑事处罚。

二是上述定性为偷税的税款、滞纳金、罚款在税务机关下达追缴通知后的规定期限内缴纳。

案例 9-5

构成逃避缴纳税款罪但不承担刑事责任的认定

名人微博牵出的“阴阳合同”在税务稽查后被认定为构成逃避缴纳税款罪，但只要在限期内缴清税款、滞纳金，并接受处罚，就可免予追究刑责。

起　因

某明星“阴阳合同”牵出税务稽查。

2018 年 5 月，某名人在微博上披露的消息牵出影视从业人员签订“阴阳合同”的线索，引来了国家税务总局的关注，更让 A 股影视板块在 6 月 4 日一天内蒸发市值 114 亿元。

回　应

国家税务总局在微信公众号发布消息称，将依法处理。

国家税务总局表示，针对近日网上反映有关影视从业人员签订“阴阳合同”中的涉税问题，国家税务总局高度重视，已责成江苏等地税务机关依法开展调查核实。如发现违反税收法律法规的行为，将严格依法处理。

国家税务总局将在已经部署开展对部分高收入影视从业人员依法纳税情况进行评估调查的基础上，进一步强化风险防控措施，加大征管力度，依法查处违法违规行为。

结　果

名人偷税，因符合免予刑事处罚的条件而不承担刑事责任。

群众举报F某某“阴阳合同”涉税问题后，国家税务总局高度重视，立即责成江苏等地税务机关依法开展调查核实，目前案件事实已经查清。

从调查核实情况看，F某某在电影《大轰炸》剧组拍摄过程中实际取得片酬3 000万元，其中1 000万元已经申报纳税，其余2 000万元以拆分合同方式偷逃个人所得税618万元，少缴营业税及附加112万元，合计730万元。此外，还查出F某某及其担任法定代表人的企业少缴税款2.48亿元，其中偷逃税款1.34亿元。

对于上述违法行为，根据国家税务总局指定管辖，江苏省税务局依据《中华人民共和国税收征收管理法》第三十二条、第五十二条的规定，对F某某及其担任法定代表人的企业追缴税款2.55亿元，加收滞纳金0.33亿元；依据《中华人民共和国税收征收管理法》第六十三条的规定，对F某某采取拆分合同手段隐瞒真实收入偷逃税款处4倍罚款计2.4亿元，对其利用工作室账户隐匿个人报酬的真实性质偷逃税款处3倍罚款计2.39亿元；对其担任法定代表人的企业少计收入偷逃税款处1倍罚款计94.6万元；依据《中华人民共和国税收征收管理法》第六十九条和《中华人民共和国税收征收管理法实施细则》第九十三条的规定，对其担任法定代表人的两户企业未代扣代缴个人所得税和非法提供便利协助少缴税款各处0.5倍罚款，分别计0.51亿元、0.65亿元。

依据《中华人民共和国刑法》第二百零一条的规定，由于F某某属于首次被税务机关按偷税予以行政处罚且此前未因逃避缴纳税款受过刑事处罚，上述定性为偷税的税款、滞纳金、罚款在税务机关下达追缴通知后在规定期限内缴纳的，依法不予追究刑事责任。超过规定期限不缴纳税款和滞纳金、不接受行政处罚的，税务机关将依法移送公安机关处理。

（资料来源：深度！八问：F某某大案黑幕才刚刚拉开［EB/OL］.（2018-10-03）［2019-03-04］.http：//www.51ui.cn/86/1002784/.）

王德荣点醒：1. 只要两个条件中有一个不满足，就将追究企业的责任。

2. 这是一种有条件的初犯免责机制。对于因符合免责条件而免予追究刑事责任的纳税人而言，他事实上已构成了犯罪，只不过在某些条件下，可以免予追究其刑事责任，这也是罪刑法定主义在刑法中的体现。该规定意味着初次触犯逃避缴纳税款罪的纳税人在补缴税款并接受处罚后可以不承担刑事责任，但纳税人不能因此而不承担履行缴纳税款的责任和义务。

3. 企业应加强税务风险管理，避免被税务机关认定为偷税并受到行政处罚。

案例 9-6

构成逃避缴纳税款罪但不能免除刑事责任的认定

基本情况

某企业通过个人账户收取营业款，构成逃避缴纳税款罪，因未按税务机关限期补税，被按逃避缴纳税款罪而追究刑事责任。

湖北省武汉经开区人民法院刑事判决书（2018）鄂 0191 刑初 65 号指出：

公诉机关指控：2013 年至 2014 年期间，被告人黄某某担任本辖区京通某（武汉）汽车服务有限公司法定代表人，负责该公司的经营管理。其指使该公司财务人员通过个人账户收取营业款项，再以其他凭证代替发票使用的方式逃避缴纳税款共计人民币 1 883 018 元，占该公司同期应缴纳税额的 97.17%，且该公司经税务机关依法下达追缴税款通知后仍未补缴税款。2017 年 11 月 6 日，被告人黄祥耀被抓获。2018 年 4 月 9 日，京通某（武汉）汽车服务有限公司补缴税款人民币 1 825 630 元。

判决结果

1. 被告人黄某某犯逃税罪，判处有期徒刑三年，缓刑五年，并处罚金人民币 200 000 元；
2. 本案补缴税款人民币 57 388 元，由本院发还税务机关。

（资料来源：刚刚法院传来大消息　用私人账户“避税”被判 3 年 [EB/OL].（2018-06-07）[2019-03-04]. 河南慧算账 . http：//www.sohu.com/a/234354792_452005.）

王德荣点醒：纳税人在构成偷税的前提下，如果数额较大（即 5 万元以上）并且占应纳税额 10% 以上且在税务机关下达追缴税款通知后仍未按期补缴税款、滞纳税并接受处罚，则构成逃避缴纳税款罪。

因此，作为企业老板一定要注意，纳税人第一次偷税，往往偷税数额大，占比也大，如果又不按税务机关下达的追缴通知书按期缴纳税款、滞纳税并接受处罚，就会构成逃避缴纳税款罪，并被追究刑事责任。

更要注意的是，如果税务机关下达了追缴通知书限期缴纳，纳税人未按期缴纳，而在公安机关立案后再补缴应纳税款、缴纳滞纳金或者接受行政处罚的，不影响刑事责任的追究。

3. 相关法律规定

（1）关于偷税的规定。

《中华人民共和国税收征收管理法》第六十三条规定：

纳税人伪造、变造、隐匿、擅自销毁账簿、记账凭证，或者在账簿上多列支出或者不列、少列收入，或者经税务机关通知申报而拒不申报或者进行虚假的纳税申报，不缴或者少缴应纳税款的，是偷税。对纳税人偷税的，由税务机关追缴其不缴或者少缴的税款、滞纳金，并处不缴或者少缴的税款百分之五十以上五倍以下的罚款；构成犯罪的，依法追究刑事责任。

扣缴义务人采取前款所列手段，不缴或者少缴已扣、已收税款，由税务机关追缴其不缴或者少缴的税款、滞纳金，并处不缴或者少缴的税款百分之五十以上五倍以下的罚款；构成犯罪的，依法追究刑事责任。

（2）关于逃避缴纳税款罪的规定。

《中华人民共和国刑法修正案（七）》规定：

纳税人采取欺骗、隐瞒手段进行虚假纳税申报或者不申报，逃避缴纳税款数额较大并且占应纳税额百分之十以上的，处三年以下有期徒刑或者拘役，并处罚金；数额巨大并且占应纳税额百分之三十以上的，处三年以上七年以下有期徒刑，并处罚金。

扣缴义务人采取前款所列手段，不缴或者少缴已扣、已收税款，数额较大的，依照前款的规定处罚。

对多次实施前两款行为，未经处理的，按照累计数额计算。

有第一款行为，经税务机关依法下达追缴通知后，补缴应纳税款，缴纳滞纳金，已受行政处罚的，不予追究刑事责任；但是，五年内因逃避缴纳税款受过刑事处罚或者被税务机关给予二次以上行政处罚的除外。

（3）关于立案标准的规定。

《最高人民检察院公安部关于公安机关管辖的刑事案件立案追诉标准的规定（二）》规定：

第五十七条 ［逃税罪（刑法第二百零一条）］逃避缴纳税款，涉嫌下列情形之一的，应予立案追诉：

（一）纳税人采取欺骗、隐瞒手段进行虚假纳税申报或者不申报，逃避缴纳税款，数额在五万元以上并且占各税种应纳税总额百分之十以上，经税务机关依法下达追缴通知后，不补缴应纳税款、不缴纳滞纳金或者不接受行政处罚的；

（二）纳税人五年内因逃避缴纳税款受过刑事处罚或者被税务机关给予二次以上行政处罚，又逃避缴纳税款，数额在五万元以上并且占各税种应纳税总额百分之十以上的；

（三）扣缴义务人采取欺骗、隐瞒手段，不缴或者少缴已扣、已收税款，数额在五万元以上的。

纳税人在公安机关立案后再补缴应纳税款、缴纳滞纳金或者接受行政处罚的，不影响刑事责任的追究。

9.3 企业自查补报的税款是否被认定为偷税

在税务检查期间纳税人补缴税款后还会认定为偷税吗？关于纳税人申报缴税后不认定为偷税的时间点，争议如下：

（1）下发检查通知后，至下发税务处理决定书之前？

如果企业在这个时间内自查补报税款，税务机关还是有权认定企业自查补报的税款为偷税，并对企业进行处罚的。

（2）纳税申报期结束后，至下发税务检查通知书之前？

如果企业在这个时间内自查补报税款，税务机关没有证据证明企业有偷税故意的，是不能将企业自查补报的税款认定为偷税，也不能处罚企业的。

为什么会是这样认定的呢？请先看以下案例。

案例 9-7

企业主动自查补报税款不认定为偷税

某市税务局某税务所向A公司要求提供相关的资料，经过一个月时间的纳税评估分析，认为A公司存在偷税的可能，于是计划将相关资料移交税务稽查局处理。而A公司在听说自己企业的资料可能被移交稽查局，很可能被税务稽查后，立即召开内部会议，评估企业自身存在的税务风险，并在税务所将资料移送稽查局之前，通过自查的方式，将可能少缴的税款500多万元到主管税务机关进行了自查补报纳税，并相应缴纳了滞纳金。

最终，税务机关在对上述企业检查后未认定为偷税。

根据《国家税务总局关于税务检查期间补正申报补缴税款是否影响偷税行为定性有关问题的批复》(税总函〔2013〕196号)的规定，“纳税人在稽查局进行税务检查前主动补正申报补缴税款，并且税务机关没有证据证明纳税人具有偷税主观故意的，不按偷税处理”。该文件明确的主体是稽查局，只要稽查局没有证据证明纳税人具有偷税主观故意的，则不能认定A企业自查补报的税款属于偷税，不能给予行政处罚。而案例中资料还没有移送给稽查局，仍在税务所的纳税评估阶段，对于阶段的自查补报行为，在没有证据证明企业有主观偷税故意的情况下，一般不能认定为偷税而进行处罚。

此时要证明A企业在主观上具有偷税故意是比较困难的，除非有企业内部的文件写明了企业要故意偷税，或有内部人员实名举报等相互印证的证据证明企业要故意偷税，否则很难认定。因为行政诉讼法要求行政机关“先取证，后裁决”，在没有取得企业具有偷税故意的证据前，不能认定或推定企业有偷税的故意。

王德荣点醒：对于补缴税款后是否承担刑事责任，税总函〔2013〕196号文件的规定更加严谨，因为增加了“税务机关没有证据证明纳税人具有偷税主观故意”的规定。因此，并不是说只要在下达税务检查通知书之前企业自查补报，就可以推定不具有偷税的主观故意．不认定为偷税。

首先，是否构成偷税，应当严格遵循《中华人民共和国税收征收管理法》第六十三条的有关规定处理，即逾期申报后再补缴不影响性质的认定。

也就是说，如果企业已经构成偷税，再事后自查补报，不能否定先前偷税行为的性质，只能在行政处罚的幅度上考虑从轻。

但这个文件只是强调稽查局在认定偷税上的要求，并没有说主管税务机关在纳税评估阶段企业的自查补报必须认定为偷税，因此企业可以在纳税评估阶段或更早的时间进行自查补报。只要税务机关没有证据证明企业有偷税的主观故意，要认定企业偷税是有一定难度的。所以企业在税务征管部门纳税评估时或之前主动自查补报，是自我救赎的一种比较好的方式。

相关税收政策如下：

（1）《国家税务总局办公厅关于呼和浩特市昌隆食品有限公司有关涉税行为定性问题的复函》（国税办函〔2007〕513号）明确：

《税收征管法》未具体规定纳税人自我纠正少缴税行为的性质问题，在处理此类情况时，仍应按《税收征管法》关于偷税应当具备主观故意、客观手段和行为后果的规定进行是否偷税的定性。税务机关在实施检查前纳税人自我纠正属补报补缴少缴的税款，不能证明纳税人存在偷税的主观故意，不应定性为偷税。

（2）税总函〔2013〕196号文件规定：

税务机关认定纳税人不缴或者少缴税款的行为是否属于偷税，应当严格遵循《中华人民共和国税收征收管理法》第六十三条的有关规定。纳税人未在法定的期限内缴纳税款，且其行为符合《中华人民共和国税收征收管理法》第六十三条规定的构成要件的，即构成偷税，逾期后补缴税款不影响行为的定性。

纳税人在稽查局进行税务检查前主动补正申报补缴税款，并且税务机关没有证据证明纳税人具有偷税主观故意的，不按偷税处理。

（3）《国家税务总局关于北京聚菱燕塑料有限公司偷税案件复核意见的批复》（税总函〔2016〕274号）明确：

北京市国家税务局：

你局《关于对2009年北京聚菱燕塑料有限公司偷税案件复核意见有关问题的请示》（京国税发〔2016〕138号）收悉。经研究，批复如下：

根据《中华人民共和国企业所得税法实施条例》第三十六条，该企业为部分管理人员购买的商业保险支出不得在企业所得税税前扣除。但是，该企业税前扣除的上述支出，是企业真实发生的支出。

根据你局提供的材料：一、除本案所涉及稽查外，未对该企业进行过其他稽查立案处理；二、除本案所涉违规列支行为外，未发现该企业成立以来存在其他违规列支行为；三、本案所涉该企业为部分管理人员购买的商业保险已在当期代扣代缴了个人所得税。据此，从证据角度不能认定该企业存在偷税的主观故意。

综上，我局同意你局的第二种复核意见，即不认定为偷税。

9.4 个人所得税稽查案例分析

案例 9–8

企业因举报被查

201× 年 7 月，某园区地税局稽查局接群众举报，称 ×× 公司高管人员实际收入远大于其申报的个人收入，公司存在少代扣代缴个人所得税问题。举报人还提供了部分高管人员 2008 年及 2009 年上半年的薪酬统计表。

主要违法事实

（1）提取现金约 37 万元，先挂“其他应收款——个人借款”往来科目，后以餐饮、医疗等各种个人消费发票冲账，实际均为公司高管人员收入。

（2）要求施工单位多开发票约 300 万元，名为支付绿化费，实为发放员工年终奖。

（3）向个人支付佣金约 53 万元；为员工支付旅游费、商业保险费约 15 万元。

此外，该公司还存在利用“阴阳报表”，不申报预售房款收入等手段偷逃营业税，或直接将购房违约金、定金收入结转“营业外收入”偷逃营业税，以及其他虚假申报偷逃土地增值税、印花税等行为。

稽查方法

稽查人员将该公司应付工资明细账与举报人提供的薪酬统计表对比后，发现两者相差明显。于是，稽查人员决定从核查原始凭证和个人银行账户资料两方面入手开展检查。稽查人员在2009年5月的一份凭证中发现公司高管人员向公司借款37万余元，其内部借款单未注明借款用途，借款日期为2008年2月、3月和8月，均以现金支付。这些个人借款，在以后的月份中，以报销医药费、餐饮费等名义逐步结转入“管理费用”“销售费用”等科目，而冲抵借款的发票要么是非本公司员工的医药费发票，要么是以前年度的服务业、餐饮业发票。

有的发票虽然从形式上看不出破绽，但通过核查报销人出差时间、地点及事由，发现发票与其业务完全无关。与此同时，在个别高管人员的个人银行存款账户中，发现有不定期的大额现金存入现象，而且部分金额与上述借款凭证上的数据相吻合。稽查人员按高管人员借款时间、归集科目、借款金额、发票冲抵金额、冲抵发票号、冲抵时间等六个小项目进行了仔细梳理，并对原始凭证进行了认真核对。面对稽查人员整理好的一份份证据，财务经理不得不承认，为了隐匿个人收入，存在高管人员先向公司借款，然后自行搜集各类发票进行冲账的事实，通过“其他应收款——个人借款”科目提取现金发放高管工资37.6万元，少缴个人所得税7.74万元。

在审计该公司开发成本时，三张总额为300.58万元，由某绿化施工单位开具的施工发票引起了稽查人员的注意。这三笔大额发票为连号发票，且以现金支票支付，收款人为“本单位”。经过审查绿化施工合同和工程概预算报告发现，该绿化施工单位主要负责该公司所开发楼盘一期项目中约2000平方米地块的绿化工程，2009 年总计取得绿化费 5 笔，前 4 笔金额均为 50 万元左右，于 2009 年上半年支付，最后一笔 300.58 万元于 2010 年 2 月支付。虽然绿化合同总额与支付金额一致，但如此大额的工程尾款还是引起了稽查人员的怀疑。

稽查人员向工程预决算方面的专家请教后得知，同类同面积绿化工程造价一般不超过 250 万元，300 多万元的工程尾款一定大有文章。经赴该绿化施工单位外调，确认其从 ×× 公司取得的工程收入仅 230 万元，所涉存货领用记录仅 160 余万元，因该绿化施工单位希望取得该公司二期楼盘的绿化工程，故应其要求虚开了 300.58 万元的绿化费施工发票。至此查实，该公司以虚开施工发票方式提取现金 300.58 万元，扣除支付给施工单位的税款，实际发放员工年终奖 290 万元，未代扣代缴个人所得税 40.27 万元。

同时，稽查人员在对“应付工资”“应付福利费”以及对应的管理费、销售费等费用类科目的检查中还发现，该公司向员工支付介绍购房佣金 53.10 万元，支付商业保险、旅游费计 15.02 万元，合计未代扣代缴个人所得税 19.86 万元。

此外，稽查人员还查实，该公司从 2009 年 8 月开始一直不申报预售房款收入，偷逃营业税 390 万元；将购房定金、违约金总计 18 万元直接结转“营业外收入”，不申报营业税 0.9 万元，少申报土地增值税 75.72 万元以及印花税等其他各税 53.03 万元。

（资料来源：chengqianhua.2012 年税务稽查重点方向及企业防范方法［EB/OL］.（2014-08-11）［2019-03-04］.http：//www.docin.com/p-888370270.html.）

王德荣点醒：对于企业员工来说，如何少缴个人所得税是大家都关注的事项。但作为企业老板，没有必要采取购买发票、虚增成本的方式去帮员工偷逃个人所得税，这是得不偿失的事情。

9.5 对法定代表人或实际控制人银行账户的涉税检查

2017年8月29日，国务院出台了《国务院办公厅关于完善反洗钱、反恐怖融资、反逃税监管体制机制的意见》（国办函〔2017〕84号）。该文件明确了反洗钱行政主管部门、税务机关、公安机关、国家安全机关、司法机关以及国务院银行业、证券、保险监督管理机构和其他行政机关组成的洗钱和恐怖融资风险评估工作组的工作思路，要求各部门努力发现异常，互相分享信息。

之前对法定代表人或实际控制人银行账户的检查通常是税务机关根据税收征管法规定查询个人和企业银行账户，只是单个部门作战，在程序和掌握的信息上有限，执法力度往往会打折扣。从2018年开始，各地金融机构与税务、反洗钱机构合作力度加大，老板私人账户与公司对公户之间频繁的资金交易都将面临监控，对银行账户资金的进出是否依法纳税的检查力度空前加大。为此，各企业老板必须小心防范，否则会面临被稽查补税的风险。

案例 9-9

因银行账户异常资金进出被提交税务稽查

2017 年 6 月，A 市某商业银行依照《金融机构大额交易和可疑交易报告管理办法》向 A 市人民银行反洗钱中心提交了一份有关黄某的重点可疑交易报告。A 市人民银行立即通过情报交换平台向 A 市地税局传递了这份报告。

经查，黄某在 A 市某商业银行开设的个人结算账户，在 2015 年 5 月 1 日至 2017 年 5 月 1 日期间共发生交易 1 904 笔，累计金额高达 12.28 亿元。这些交易主要通过网银渠道完成，具有明显的异常特征。

其账户大额资金交易频繁，大大超出了个人结算账户的正常使用范畴。其账户不设置资金限额，不控制资金风险，不合常规。

同时查明，黄某本人身份复杂，是多家公司的法定代表人，其个人账户与其控制的公司账户间频繁交易，且资金通常是快进快出，过渡性特征明显。

最终税务查出，黄某 2015 年从其控股的 A 市公司取得股息、红利所得 2 亿元，未缴纳个人所得税 4 000 万元。

（资料来源：河南慧算账 . 刚刚法院传来大消息　用私人账户“避税”被判 3 年［EB/OL］.（2018-06-07）［2019-03-04］.http：//www.sohu.com/a/234354792_452005.）

我们来详细分析这个案例。根据税收征收管理法的规定，税务机关可以检查从事生产经营的涉嫌纳税人的银行存款账户，包括纳税人存款账户余额和资金往来情况。

《中华人民共和国税收征收管理法》第五十四条规定：

税务机关有权进行下列税务检查：

（六）经县以上税务局（分局）局长批准，凭全国统一格式的检查存款账户许可证明，查询从事生产、经营的纳税人、扣缴义务人在银行或者其他金融机构的存款账户。税务机关在调查税收违法案件时，经设区的市、自治州以上税务局（分局）局长批准，可以查询案件涉嫌人员的储蓄存款。税务机关查询所获得的资料，不得用于税收以外的用途。

“金税三期”启用以来，很多没有发生真实业务，而是用从朋友公司或者直接从市面上买回来的增值税专用发票抵扣销项税额的，纷纷被排查出来，税务机关要求企业做进项税款转出。由此要补交税款几十万，甚至上百万元的企业不在少数。

每月企业网上报送的数据成为税务评估、稽查案源的来源，千万不要存在侥幸心理！只要金三系统检测出动态数据比对异常，税负率偏低，系统就会自动预警。

案例 9-10

法定代表人个人银行账户被依法稽查

某市国家税务局稽查局向 S 股份有限公司出具了《税务行政处罚决定书》，主要内容如下：

×× 国税稽查局对公司实际控制人、法定代表人李某某在工商银行和兴业银行开立的个人账户进行检查，发现以上两个账户均是用于收取客户汇入的购货款。

处罚决定：对公司少缴增值税 377 286.46 元、企业所得税 101 515.75 元分别处以 0.5 倍的罚款，金额合计 239 401.11 元。

本来想“避税”，结果被追回税款不说，还倒贴了 23.9 万元罚款，更重要的是影响以后的企业信用等级，得不偿失！

（资料来源：刚刚法院传来大消息　用私人账户“避税”被判 3 年［EB/OL］.（2018-06-07）［2019-03-04］. 河南慧算账. http：//www.sohu.com/a/234354792_452005.）

王德荣点醒：企业老板有帮员工和自己少缴个税的想法是正常的，只是在操作上不符合税法的规定，通过非法的手段达到少缴个税的目的是税法所不允许的。作为企业的老板，应积极学习税法，并向专业人员请教如何利用合法合规的方法节税。本书后面的章节会专门介绍如何利用税收优惠进行节税筹划。

CHAPTER 10

涉税诉讼的财税谋略

10.1 涉税诉讼的程序

如果企业与税务机关在纳税上有争议，一般应通过沟通协调解决，只有在沟通协调无法解决时才走诉讼程序。为此，企业一定要了解涉税诉讼的程序。

如果企业与税务机关在纳税上有争议，例如税务机关认定企业要缴税，但企业认为不用缴税，税务机关下达相应的通知要求企业补缴税款。依税法的规定，纳税人必须按以下程序做：

一是要先缴税或提供担保。先要按税务机关的通知缴纳税款，如果企业没有钱缴税的话，可以向税务机关提供相应的房产或找担保人提供与税款及滞纳金相等的担保。

二是在缴税或提供担保后，还不能向法院起诉，而是要先向上一级主管税务机关提起行政复议。企业对行政复议不服的，才能再向人民法院提起行政诉讼。

三是对税务机关的行政复议不服的，可以向人民法院提起诉讼。

具体程序见图 10-1。

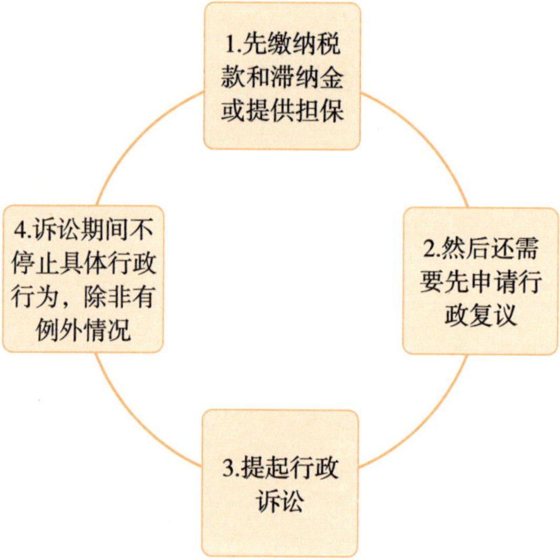

图 10-1　涉税诉讼的程序

案例 10-1

未缴纳税款和滞纳金直接提起诉讼不可行

2009 年 1 月至 2012 年 12 月，新疆 A 公司取得虚开的专用发票抵扣，并办理出口退税。2013 年被新疆 B 市国税局稽查局在稽查中发现，2013 年 11 月 5 日下发税务处理决定书，追缴税款 1 211 万元。

A 公司收到税务处理决定书后，未在规定的期限内缴纳税款和滞纳金，也未提供担保。但A公司在未缴纳税款和滞纳金的情况下，于11月18日向上级税务机关C州国税局提起行政复议，称税务机关程序违法，事实不清，适用法律错误。

2013年11月22日税务机关作出不予受理复议裁定书，理由是冠吉公司未缴纳税款和滞纳金，不能提起行政复议。

2013年12月2日，A公司向B市法院提起行政诉讼。

2014年4月二审终审判决：A公司败诉。

（资料来源：冠吉贸易公司与昌吉州国税局税收行政行为二审行政判决书[EB/OL].（2014-04-30）[2019-03-04].中国裁判文书网.http://www.dlsstax.com/index.php?m=Index&c=Content&a=index&cid=597&aid=2097.）

王德荣点醒：必须先按税法规定的程序缴纳税款和滞纳金，然后才能提起行政复议。如果未提起行政复议而直接诉讼，法院会判决企业败诉。

10.2 涉税诉讼的举证责任

企业在涉税诉讼中一定要明白举证责任的分配原则。在认定纳税人偷税事项时，是由税务机关承担举证责任，税务机关要提供证据证明纳税人存在少缴税款的行为。

而在税务机关对企业的反避税调整中，则是由企业证明自己没有转移利润造成少缴税款的事实。同时，税务机关也可以举证企业有避税的事实。

案例 10-2

儿童投资主基金诉杭州市西湖区国家税务局税务征收案

基本情况

2003 年 11 月，儿童投资主基金（The Children's Investment Master Fund）在开曼群岛注册成立。2004 年 3 月，香港国汇公司与浙江国叶公司签订合同设立国益路桥公司，香港国汇公司占国益路桥公司 95% 的股份。国益路桥公司于 2005 年 10 月获准受让杭州绕城高速公路收费经营权，同月，CFC 公司在开曼群岛注册成立，该公司持有香港国汇公司 100% 股权。2005 年 11 月，儿童投资主基金通过股权转让和认购新股方式取得了 CFC 公司 26.32% 的股权，该份股权又于 2011 年 9 月转让给 MDL 公司，转让价格为 2.8 亿美元，另收取利息约 380 万美元。其后，杭州市西湖区国家税务局（以下简称西湖区国税局）对上述交易展开调查并层报国家税务总局审核。国家税务总局于 2013 年 7 月明确批复：本案存在有关公司仅在避税地或低税率地区注册，不从事制造、经销、管理等实质性经营活动，股权转让价主要取决于国益路桥公司估值，股权受让方对外披露收购的实际标的为国益路桥公司股权等事实，税务机关有较充分的理由认定相关交易不具有合理商业目的，属于以减少我国企业所得税为主要目的的安排。据此，西湖区国税局在与儿童投资主基金沟通后，于 2013 年 11 月作出《税务事项通知书》，要求其就上述交易申报缴纳企业所得税人民币 1 亿多元。儿童投资主基金不服，向杭州市国税局申请复议未果后诉至法院，请求判决撤销上述《税务事项通知书》。

裁判结果

浙江省杭州市中级人民法院一审认为：我国有关税收法律法规已规定非居民企业须就其来源于中国境内的所得缴纳企业所得税，并规定了确定所得发生地的规则。其中，《中华人民共和国企业所得税法》第四十七条规定，企业实施其他不具有合理商业目的的安排而减少其应纳税收入或者所得额的，税务机关有权按照合理方法调整。《国家税务总局关于加强非居民企业股权转让所得企业所得税管理的通知》（国税函〔2009〕698号）第六条亦明确规定了“境外投资方（实际控制方）通过滥用组织形式等安排间接转让中国居民企业股权，且不具有合理的商业目的，规避企业所得税纳税义务的，主管税务机关层报税务总局审核后可以按照经济实质对该股权转让交易重新定性，否定被用作税收安排的境外控股公司的存在”。本案中，税务机关适用上述规定具有正当性和必要性，故判决驳回儿童投资主基金的诉讼请求。儿童投资主基金提出上诉后，浙江省高级人民法院二审以基本相同的理由判决驳回上诉，维持原判。

（资料来源：最高人民法院．最高人民法院行政审判十大典型案例（第一批）[EB/OL].（2017-06-13）[2019-03-04].https：//www.chinacourt.org/article/detail/2017/06/id/2893953.shtml.）

下面我们对上述案例进行分步分析。

第一步：2003年11月，儿童投资主基金在开曼群岛注册成立。2005年儿童投资主基金购买股权26.32%，按当时的政策不涉及缴税问题。详见图10-2。

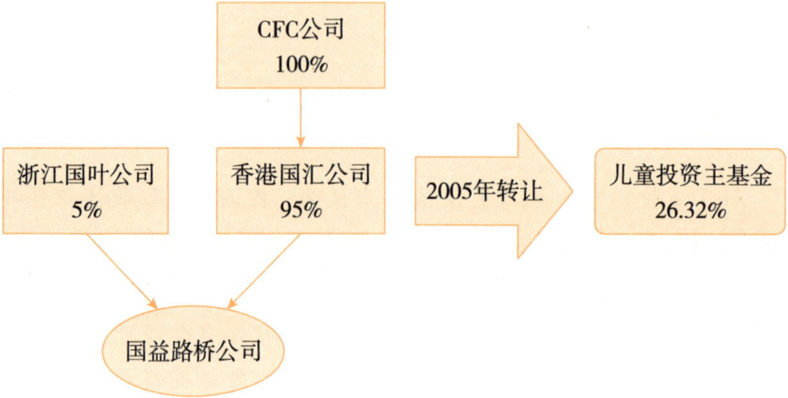

图 10-2　儿童投资主基金购买股权

第二步：2011 年儿童投资主基金转让 26.32% 股权，取得收入 2.8 亿元（见图 10-3）。

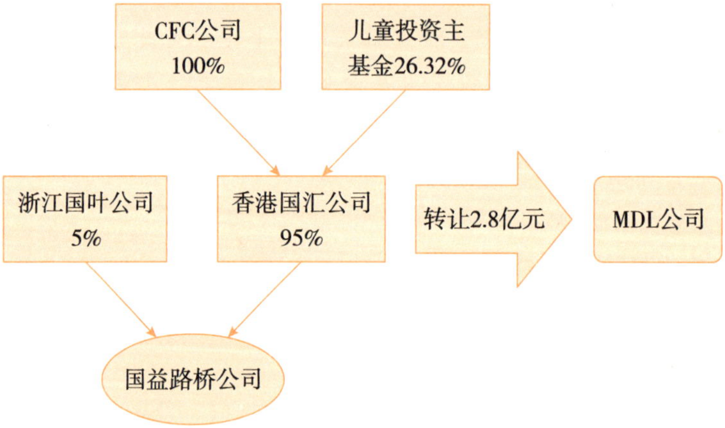

图 10-3　儿童投资主基金转让股权

其交易流程与结果显而易见，税务机关做出的处罚有理有据。

王德荣点醒：即使是涉外的诉讼案件，也属于行政诉讼案件，在中国起诉也要按税法的规定，先缴税，后复议，再诉讼，并且双方都可以举证去证明各自的观点。诉权是纳税人的基本权利，但对于税务行政诉讼又有特殊的规定，企业老板一定要了解这些特殊的规定，不然会有败诉的风险。

第 4 篇

节税筹划的谋略

企业在经营中，依法纳税是义务，但是如果能在税法规定的范围内，结合各地政府招商园区的财政返还及其他税收优惠政策，则能够给企业和老板本人降低税负。

本篇就给大家提供节税筹划的一些基本思路。

CHAPTER 11

节税筹划的思路与模式

11.1 你的股权架构可能导致高税负

由下面的案例可知，如果 A 公司转让 B 公司的股权，A 公司要缴纳企业所得税 25%，税后利润分配给投资人个人还要因为取得股息红利缴 20% 的个人所得税，税负率达到 40%，因此这种股权架构在股权转让时税负是最高的。

案例 11-1

间接持股的股权转让税负分析

A 有限公司转让 B 有限公司的股权给 C 公司，A 公司取得收入 1 100 万元，成本为 100 万元，A 公司应纳企业所得税：（1 100−100）×25%=250（万元）；A 公司再将税后利润分配给个人，还应纳个人所得税：（1 100−250）×20%=150（万元）。以上企业所得税和个人所得税合计为 250+150=400（万元），综合税负率为 40%。

间接持股的股权转让如图 11-1 所示。

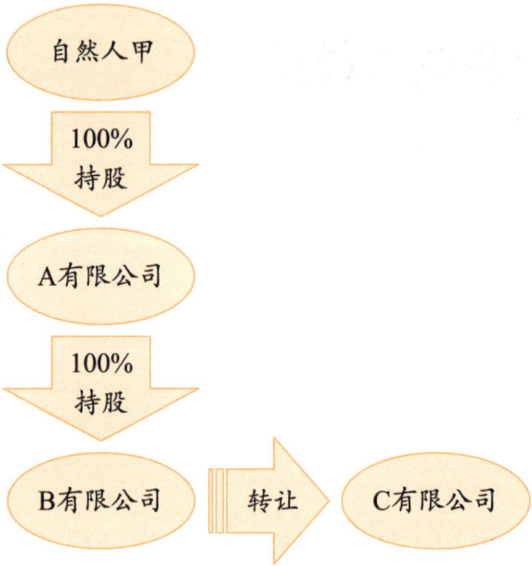

图 11-1　间接持股的股权转让示意图

王德荣点醒：间接持股的类型是企业家们常用的，但是税负却是最高的，如果不作适用的调整，在最后股权转让时支付的税收成本高达 40%，但很多企业家开始并没有关注到有这么高的税负，往往在最后要退出时才了解到，但这时再进行调整就会变得非常困难，付出的成本也就更多。因此作为企业家一定了知道这种间接持股在税收成本不的不足之处。

11.2 什么样的股权架构名义税负相对较低

由下面的案例可知，如果不采用间接持股方式，去掉中间层 A 公司，而采用自然人作为股东直接持股，这样在转让 B 公司的股权时，则由自然人按股权转让收益的 20% 缴纳个人所得税，没有了 25% 的企业所得税，税负由原来的 40% 下降到 20%，降低 100%。

但是 20% 的税负还不是目前最低的税负，还可以通过节税筹划的方式将税负下降，我们将在后面给大家做介绍。

案例 11–2

个人直接持股的股权转让税负分析

个人直接持股的股权转让如图 11–2 所示。

图 11–2　个人直接持股的股权转让示意图

自然人甲直接持股 B 公司，转让 B 有限公司的股权给 C 公司，A 公司取得收入 1 100 万元，成本为 100 万元，自然人应纳个人所得税：(1 100–100) ×20%=200 (万元)。

王德荣点醒：个人直接持股的形式相对于间接持股来说尽管少了 25% 的企业所得税，但同时也将纳税地点限制在 B 公司所在地。这种持股结构虽然税负低了，但由于纳税地点比较固定，存在灵活性不足的缺点。

11.3 什么样的股权架构最灵活且税负较低，方便节税筹划

由下面的案例可知，如果通过合伙企业间接持股，由于合伙企业没有企业所得税，只有个人所得税，合伙企业的个人所得税按累进税率 5% ~ 35% 征收，最高为 35%。因此，合伙企业的税负 35% 相比个人直接持股税负 20% 相对较高，但相比有限公司间接持股税负 40% 又相对较低。

案例 11-3

合伙企业持股的股权转让税负分析

A 合伙企业转让 B 有限公司的股权给 C 公司，A 合伙企业取得收入 1 100 万元，成本为 100 万元，甲合伙企业不需要缴纳企业所得税。

合伙企业持股的股权转让如图 11-3 所示。

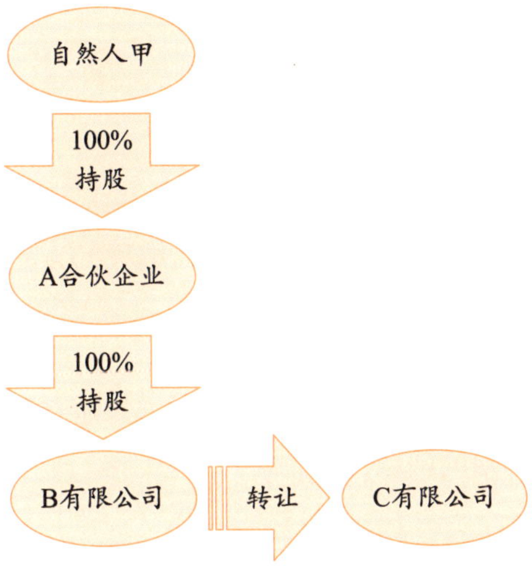

图 11-3 合伙企业持股的股权转让示意图

A 合伙企业转让股权按生产经营所得，最高税率为 35%（个别省区分 35% 和 20% 的税率征收），应纳个人所得税：（1 000−0）×35%=350（万元）。综合税负率为 35%。

因为合伙企业可以注册在不同的地方，并且还可以通过迁移的方式改变注册地址，同时税负相对较低，只有一种个税，所以这种股权架构最灵活。

王德荣点醒：由于中间层的企业是合伙企业，从税负结构来看，没有企业所得税只有个人所得税，因此税负相对较低。由于合伙企业的注册地址是可以迁移的，因此也有一定的灵活性，在节税筹划中是比较好的持股形式。

11.4 节税筹划的思路：合同不能节税，方案才能节税

合同不能节税，方案才能节税。在股权转让合同已签订的情况下，要想节税是不现实的，因为交易已达成，纳税的方式就已确定，不能轻易被改变。

为此，作为企业的老板在做股权交易或其他交易时，一定要按以下方式考虑节税筹划的问题：

（1）签订合同前就要有节税筹划方案，无方案不节税。

（2）合同只是节税筹划方案的操作落实，是落地的文件。

王德荣点醒：合同签订好了，只能按合同约定的内容根据税法的规定纳税，因为在合同不能做相应调整情况下，业务已经固定，纳税方式也随之固定，要做节税筹划就不太容易了。因此，如果要做税务筹划，一定要在交易合同签订前就有筹划方案，再根据税务筹划去安排交易结构，签订交易合同。

CHAPTER 12

个人进行股票和股权转让的节税筹划

12.1 个人减持上市公司股票的节税筹划

《财政部 国家财税局 证监会关于个人转让上市公司限售股所得征收个人所得税有关问题的通知》(财税〔2009〕167号)第四条规定：

> 限售股转让所得个人所得税，以限售股持有者为纳税义务人，以个人股东开户的证券机构为扣缴义务人。限售股个人所得税由证券机构所在地主管税务机关负责征收管理。

由以上税法规定可知，限售股个人所得税由证券机构所在地主管税务机关负责征收管理。也就是说，个人转让限售股的纳税地点由开户的证券机构确定，只要改变证券机构的开户地点就可以改变纳税地点，从而达到节税筹划的目的。

案例 12-1

个人减持上市公司股票的节税筹划

筹划前：自然人的持股类型的限售股税负为 20%。见图 12-1。

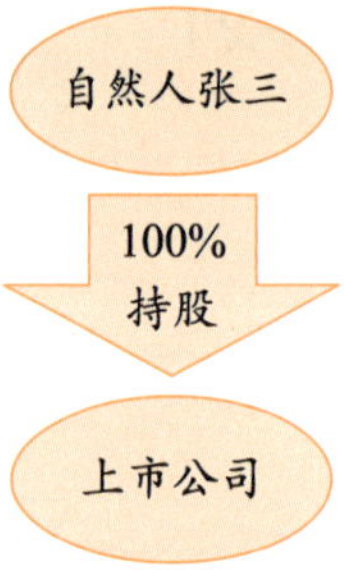

自然人张三转让B有限公司的股权给C公司，张三取得收入 1 100 万元，成本为 100 万元。张三不需要缴纳企业所得税，应纳个人所得税：（1 100−100）× 20%＝200（万元）。以上企业所得税和个人所得税合计为 200 万元，综合税负率为 20%。

图 12-1　筹划前的税负

通过改变证券机构开户所在地，由原来的证券机构开户，变更到有政府财政返还的地区的证券机构去开户，那么通过当地政府的财政返还，税负率可能从 20% 下降到 13.2%，节税 6.8 个百分点，因为 200 万元的应纳税额可获得当地政府财政返还 68 万元。见图 12-2。

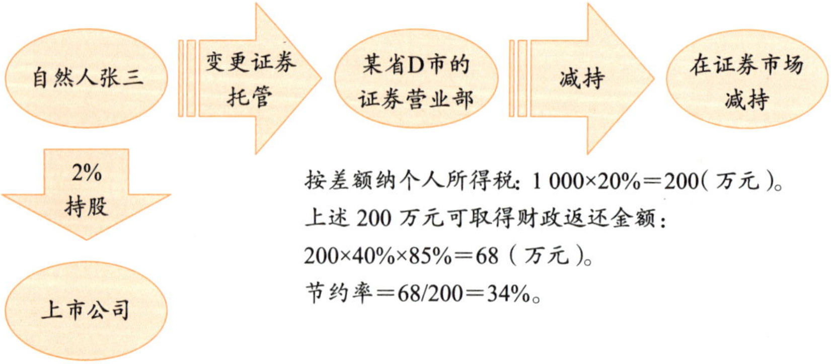

图 12-2　筹划后的税负

由上述案例可知，筹划后，自然人减持限售股的税负由原来的20% 降为 13.2%，见表 12-1。

表 12-1　自然人减持限售股筹划前与筹划后税负比较

	税种及税率	节税效果
筹划前税负	个人所得税 20%	税负率降低 6.8% 个百分点
筹划后税负	个人所得税 13.2%	

王德荣点醒：关于个人限售股减持，老板们一定要知道纳税地点在哪里，按税法规定就在股票账户的证券机构所在地的主管税务机关。如果你想改变纳税地点，只需要改变股票账户的开户地点即可。因此要做税收筹划就是找到税收优惠地，然后将股票转到在该地证券机构开户的股票账户就行。

需要注意的是，有时也存在个人已依法纳税，但政府的财政返还不能及时兑现或不能兑现的可能。

12.2　个人进行股权转让的节税筹划

个人进行股权转让节税筹划的思路是：以改变纳税地点为主，通过一定的股权交易结构去构建新的纳税地点，从而达到节税筹划的目的。

要想做好个人进行股权转让的个税筹划，涉及纳税地点如何选择，关联交易如何合规等，内容较多，不能在本书一一详细分析。

王德荣点醒：个人进行股权转让的税务筹划方法有很多，通过税务筹划节税幅度可达 30% ~ 50%。

更多具体内容请关注我的现场课。

CHAPTER 13

合伙企业进行股权转让的节税筹划

合伙企业持有上市公司的股票或非上市公司的股权，因为发生了转让行为，收得了投资收益，所以产生了纳税义务，需要节税筹划。

13.1 企业注册地的重要性

要对合伙企业进行节税筹划，就一定要知道合伙企业的纳税地点在哪里。由税法的规定可知，合伙企业的纳税地点，就是合伙企业的注册地，因此如果我们要进行节税筹划，就一定要改变合伙企业的注册地，到当地政府有财政返还的地点去注册合伙企业，或将合伙企业迁入有财政返还的地区后，再完成股票或股权的转让行为，从而取得当地财政相关财政和税收优惠来降低税负。

案例 13-1

合伙企业的股票减持如何进行税务筹划

某市的甲、乙、丙、丁等 4 人拥有 B 合伙企业，B 合伙企业持有某上市公司 3% 的股权。在 2017 年 10 月将 B 合伙企业的股份减持，获得减持收益 1 000 万元，按合伙企业的税率 35% 纳税，纳税总额为：1 000 × 35%=350（万元）。

也就是说，如果不经税务筹划，纳税情况是这样的（见图 13-1）。

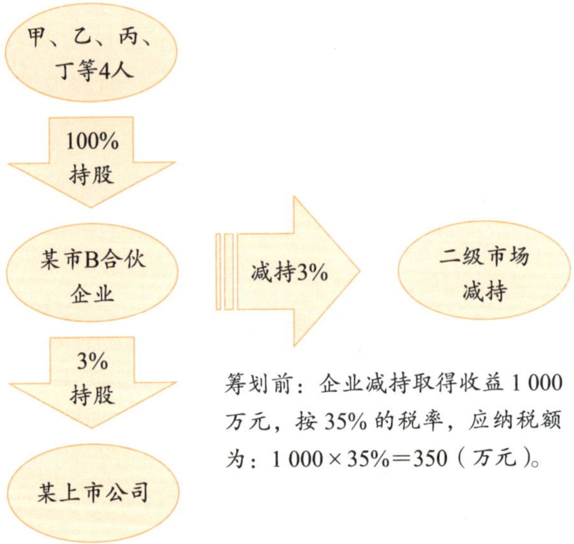

图 13-1 筹划前的纳税情况

为了节税，可以将 B 合伙企业从某市迁到另外一个省的 D 市，因为在 D 市有相应的税收优惠和财政返还，税负率由原来的 35% 下降到 13.2%，应纳税额由 350 万元下降到 136 万元，节税 214 万元（350-136）。

筹划后的纳税情况见图 13-2。

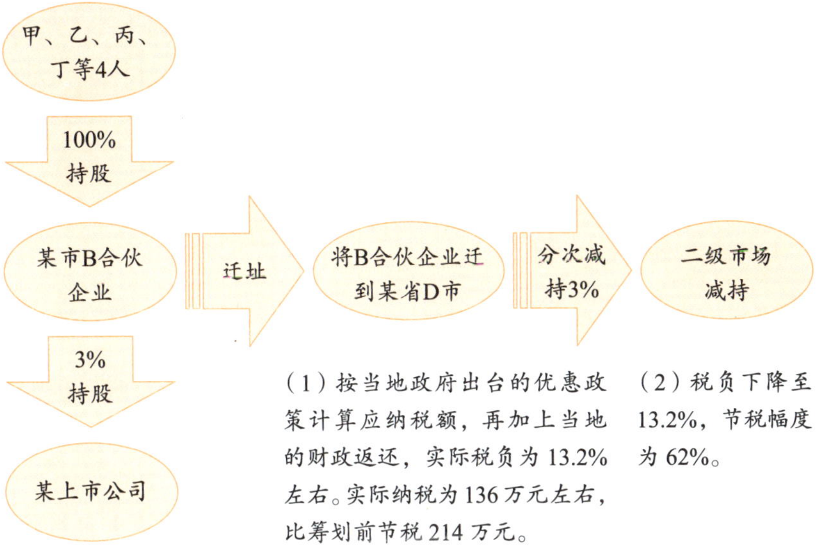

图 13-2　筹划后的纳税情况

由上述案例可知，筹划前后的税负差异明显。筹划前与筹划后的税负比较如表 13-1 所示。

表 13-1

	税种及税率	节税效果
筹划前税负	个人所得税 35%	税负率降低 21.8 个百分点左右
筹划后税负	个人所得税 13.2% 左右	

王德荣点醒：只要将合伙企业迁移到有税收优惠的园区，或提前注册到该有税收优惠的园区，就可以达到

合规节约税款的目的。需要注意的是，各地方政府出台的优惠政策不太稳定，也可能与国家政策存在差异，在将合伙企业迁入外地政府园区时，要防范地方政策发生变化的风险。

13.2 相关税收政策

（1）《关于个人独资企业和合伙企业投资者征收个人所得税的规定》（财税〔2000〕91号文件发布）第二十条规定：

> 投资者应向企业实际经营管理所在地主管税务机关申报缴纳个人所得税。投资者从合伙企业取得的生产经营所得，由合伙企业向企业实际经营管理所在地主管税务机关申报缴纳投资者应纳的个人所得税，并将个人所得税申报表抄送投资者。

（2）《财政部 国家税务总局关于合伙企业合伙人所得税问题的通知》（财税〔2008〕159号）第四条规定：

> 合伙企业合伙人不是在分配利润时纳税，而应当以合伙企业的生产经营所得和其他所得，按照合伙协议约定的分配比例确定应纳税所得额，无论是否分配，均应纳税。

CHAPTER 14

有限公司进行股权和股票转让的节税筹划

有限公司的股权和股票转让的节税筹划方法也与纳税地点有关。根据税法的规定，有限公司的纳税地点也是公司的注册地，因此要想进行节税筹划，还是要在有税收优惠或财政返还的地区设立公司或将公司迁到该优惠地区才能达到节税筹划的目的。

关于有限公司在注册地纳企业所得税的政策依据，请参阅以下税法规定。

（1）《国家税务总局关于企业转让上市公司限售股有关所得税问题的公告》（国家税务总局公告 2011 年第 39 号）规定：转让限售股取得收入的企业（包括事业单位、社会团体、民办非企业单位等），为企业所得税的纳税义务人。

（2）《企业所得税法》第五十条规定：除税收法律、行政法规另有规定外，居民企业以企业登记注册地为纳税地点；但登记注册地在境外的，以实际管理机构所在地为纳税地点。

居民企业在中国境内设立不具有法人资格的营业机构的，应当汇总计算并缴纳企业所得税。

案例 14-1

有限公司股权转让如何进行税务筹划

N 市的 A 有限公司转让 B 有限公司的股权给 C 公司，A 公司取得收入 1 100 万元，成本为 100 万元。

如果不经税务筹划，A 公司应纳税情况如图 14-1 所示。

A 有限公司转让 B 有限公司的股权给 C 公司，A 公司取得收入 1 100 万元，成本为 100 万元，A 公司应纳企业所得税：（1 100－100）×25%=250（万元）；A 公司再将税后利润分配给个人，还应纳个人所得税：（1 000－250）×20%=150（万元）。以上企业所得税和个人所得税合计为 250+150=400（万元），综合税负率为 40%。

图 14-1 筹划前的纳税情况

如果将 A 有限公司从目前的注册地 N 市迁到 M 省 F 市，在 F 市纳税可取得当地的财政返还。

经过这样的筹划，纳税情况如图 14-2 所示。

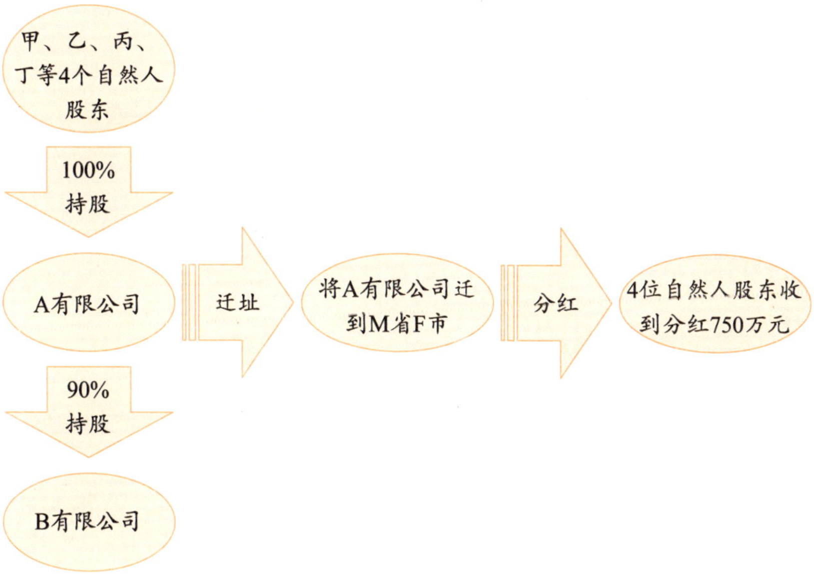

图 14-2　筹划后的纳税情况

（1）纳企业所得税：1 000×25%=250（万元）。

（2）上述 250 万元可取得当地财政返还金额：250×40%×80%=80（万元）。

（3）分红纳个税：750×20%=150（万元）。

（4）上述 150 万元可取得财政返还金额：150×40%×80%=48（万元）。

（5）节约的税款 =80+48=128（万元），筹划后的税负为 27.2%，节约税负 12.8%，节税幅度 32%。

筹划前与筹划后的税负比较如表 14-1 所示。

表 14-1

	税种及税率	综合税负	节税效果
筹划前税负	企业所得税 25%，个人所得税 20%	40%	税负率降低了 12.8 个百分点左右
筹划后税负	个人所得税 27.2%% 左右	27.2% 左右	

王德荣点醒：只要将有限公司迁移到有税收优惠的园区，或提前注册到该有税收优惠的园区，就可以达到合规节约税款的目的。需要注意的是，各地方政府的财政返还政策不一定能兑现，也有可能出现企业按税法纳税后无法获得财政返还的情形。

CHAPTER 15

设立合伙企业和个人独资企业的节税筹划

合伙企业和个人独资企业年销售额500万元以下的，在某些地方政府的招商园区，其个人所得税可以核定征收。为什么可以核定征收？因为由于企业自身的能力有限无法建账，而核定征收是一个依职权的行政行为，不是一个依申请的审批行为。《中华人民共和国税收征收管理法》第三十五条和《财政部 国家税务总局关于印发〈个人独资企业和合伙企业投资者征收个人所得税的法规〉的通知》（财税〔2000〕91号）第七条规定了依法可以核定征收的条件，纳税人只要符合核定征收的条件，税务机关就可以依法核定征收个人所得税。

具体规定如下：

（1）《中华人民共和国税收征收管理法》第三十五条规定：

纳税人有下列情形之一的，税务机关有权核定其应纳税额：

（一）依照法律、行政法规的规定可以不设置账簿的；

（二）依照法律、行政法规的规定应当设置账簿但未设置的；

（三）擅自销毁账簿或者拒不提供纳税资料的；

（四）虽设置账簿，但账目混乱或者成本资料、收入凭证、费用凭证残缺不全，难以查账的；

（五）发生纳税义务，未按照规定的期限办理纳税申报，经税务机关责令限期申报，逾期仍不申报的；

（六）纳税人申报的计税依据明显偏低，又无正当理由的。

（2）《关于个人独资企业和合伙企业投资者征收个人所得税的规定》（财税〔2000〕91号文件）第七条规定：

有下列情形之一的，主管税务机关应采取核定征收方式征收个人所得税：

（一）企业依照国家有关规定应当设置但未设置账簿的；

（二）企业虽设置账簿，但账目混乱或者成本资料、收入凭证、费用凭证残缺不全，难以查账的；

（三）纳税人发生纳税义务，未按照规定的期限办理纳税申报，经税务机关责令限期申报，逾期仍不申报的。

因此，在某些特定的政府招商园区，企业老板可以视情况设立合伙企业或个人独资企业，其个人所得税依法核定征收。同时，这些企业的年销售额一般不超过500万元，属于增值税上的小规模纳税人，增值税按小规模纳税人3%的征收率征收。

15.1 设立技术中心，将技术业务剥离的节税筹划

某些企业自身没有研发团队，而是去企业之外找兼职研发人员做技术研发，这样就难以取得合规的发票。

企业可以要求这些兼职团队设立有技术中心的合伙企业，再将技术研发服务外包给技术中心，以解决上述问题。由于业务是真实的，因此不存虚开发票的问题。

案例 15-1

新媒体营销企业的节税筹划

基本情况

某新媒体营销 B 企业通过任务平台找兼职的程序员做营销小程序开发，每年支出 300 多万元，难以取得合规发票。由于未取得合规的发票在企业所得税前列支，只能做纳税调整缴税。

解决方案

在特定的政府园区设立合伙企业 C 作为技术中心，B 企业将技术业务全部外包给合伙企业 C，C 企业提供真实的技术服务，并开具合规的发票给 B 企业。C 企业年销售额不超过 500 万元依法申请核定征收，同时聘请兼职程序员开展研发业务并依法扣缴个人所得税。

由此，企业可以有效地降低税负。筹划前后操作方案比较见图 15-1。

B 企业筹划前后的税负比较如表 15-1 所示。

筹划前B企业方案：

筹划后B企业方案：

图 15-1　筹划前后操作方案的比较

表 15-1

	税种及税率	综合税负
筹划前方案	企业所得税 25%，个人所得税 20%	40%
筹划后方案	增值税及附加 3.36%，核定个人所得税 3.5%	6.86%

王德荣点醒：在业务真实的情况下设立技术中心，有利于将技术中心与税收优惠的园区相结合，有效降低企业的税负。特别是对平时没有想到利用技术中心这种方式去筹划的企业而言，可以设立一家尝试一下。

15.2 设立合伙企业和个人独资企业的节税筹划思路

企业的某些业务可以外包出去，包括咨询服务、销售、品牌费用收取、设计服务、物流辅助服务等。通过这样的方式将服务外包，可以取得合规的发票，作为企业的成本费用列支。

我们在这里要特别提醒大家的是，千万不要在没有真实业务的情况下，通过设立合伙企业和个人独资企业去虚开发票，这样不但会涉及偷税，还涉及虚开发票的刑事犯罪。

15.3 房地产企业的节税筹划思路

房地产企业是目前在税收筹划领域里最复杂的企业之一，因为国家对房地产企业的监管十分严格，不合规的节税筹划很可能不被主管税务机关认可，反而使企业面临被补税的风险。

只有通过分行业筹划、分税种、分流程的筹划相结合，制定综合性的筹划方案，才能合规地解决房地产企业税负较大的问题。详见图 15-2。

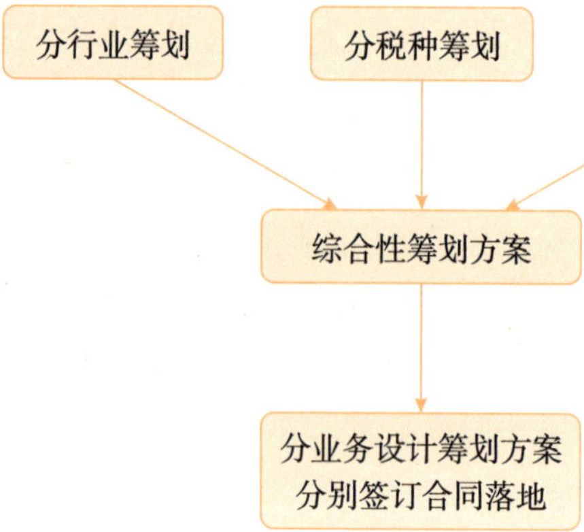

图 15-2　综合性的税务筹划

王德荣点醒：房地产企业的税负比较高这是大家都知道的，必须在合规的前提下进行税务筹划才能“税税平安”。